日本国憲法

The Constitution of Japan

JN221882

TAC

前文（ぜんぶん）

日本国民は、正当に選挙された国会における代表者を通じて行動し、われらとわれらの子孫のために、諸国民との協和による成果と、わが国全土にわたつて自由のもたらす恵沢を確保し、政府の行為によつて再び戦争の惨禍が起ることのないやうにすることを決意し、ここに主権が国民に存することを宣言し、この憲法を確定する。そもそも国政は、国民の厳粛な信託によるものであつて、その権威は国民に由来し、その権力は国民の代表者がこれを行使し、その福利は国民がこれを享受する。これは人類普遍

[よ] 恵沢……恩恵を受けること。また、その恩恵。めぐみ。

互いに心を合わせて仲よくすること。

惨禍……いたましい不幸。まともに目を向けられないような、いたましい不幸。

国政……国の政治。日本国憲法では、立法、司法、行政のすべてを含む。

主権……国家の最高の意思および国の政治を最終的に決定する権力。

信託……信用してまかせること。

権威……

権力……人々を強制し服従させる威力。法律でいう他人への強制力。

厳粛……

行使……用いること。使うこと。特に、権利、権力などを実際に用いること。

享受……与えられた、ある物事を受けおさめること。

普遍……一定範囲内の事象すべてに共通し、例外のないこと。

We, the Japanese people, acting through our duly elected representatives in the National Diet, determined that we shall secure for ourselves and our posterity the fruits of peaceful cooperation with all nations and the blessings of liberty throughout this land, and resolved that never again shall we be visited with the horrors of war through the action of government, do proclaim that sovereign power resides with the people and do firmly establish this Constitution. Government is a sacred trust of the people, the authority for which is derived from the people, the powers of which are exercised by the representatives of the people, and the benefits of which are enjoyed by the people. This is a universal principle of mankind

At the correct time, in the correct way, or as you would expect.

The people who will be alive in the future.

"In order for the human condition to be characterized by productive specialization and peaceful cooperation, that society must have security and stability of possession, the keeping of promises, and the transference of property by consent." David Hume, Book III, Part 2, Sec II-IV. (1739)

"By liberty, was meant protection against the tyranny of the political rulers." John Stuart Mill, On Liberty, 1869

To decide that you will do something and be determined to do it.

The power of a country to control its own government.

To live in a place.

The set of laws and principles that a country's government must obey.

The group of people who officially control a country.

Too important to be changed or destroyed.

To be sure that someone will do the right thing or what they should do.

To come from or be developed from something.

Control or influence over people and events.

To use a power, right, or ability.

Relating to everyone in the world, or to everyone in a particular group.

A basic idea or rule which explains how something happens or works.

の原理であり、この憲法は、かかる原理に基くものである。われらは、こ

れに反する一切の憲法、法令及び詔勅を排除する。

日本国民は、恒久の平和を念願し、人間相互の関係を支配する崇高な理

想を深く自覚するのであつて、平和を愛する諸国民の公正と信義に信頼し

て、われらの安全と生存を保持しようと決意した。われらは、平和を維持し、

専制と隷従、圧迫と偏狭を地上から永遠に除去しようと努めてゐる国際社

会において、名誉ある地位を占めたいと思ふ。われらは、全世界の国民が、

upon which this Constitution is founded.

We reject and revoke all constitutions,

The system of official rule in a country.

laws, ordinances, and rescripts in conflict

A law or rule which limits or controls something. *An official or authoritative order, decree, edict, or announcement.*

herewith.

We, the Japanese people, desire peace
for all time and are deeply conscious of the
high ideals controlling human relationship,

A belief about the way you think something should be.

and we have determined to preserve our
security and existence, trusting in the

The belief that someone or something is good, right, and able to be trusted.

justice and faith of the peace-loving peoples

Behaviour or treatment that is fair and morally correct.

of the world. We desire to occupy an
honored place in an international society

When people respect you because you have done what you believe is honest and right, or the quality of doing this.

striving for the preservation of peace, and
the banishment of tyranny and slavery,

When a leader or government has too much power and uses that power in a cruel and unfair way.

When you refuse to accept ideas, beliefs or behaviour that are different from your own. *The system of owning slaves, or the condition of being a slave.*

oppression and intolerance for all time from

To govern people in an unfair and cruel way and prevent them from having opportunities and freedom.

the earth. We recognize that all peoples of
the world have the right to live in peace,

Something that the law allows you to do.

ひとしく恐怖と欠乏から免かれ、平和のうちに生存する権利を有することを確認する。

われらは、いづれの国家も、自国のことのみに専念して他国を無視してはならないのであつて、政治道徳の法則は、普遍的なものであり、この法則に従ふことは、自国の主権を維持し、他国と対等関係に立たうとする各国の責務であると信ずる。

日本国民は、国家の名誉にかけ、全力をあげてこの崇高な理想と目的を達成することを誓ふ。

free from fear and want.
When there is not enough of something.

We believe that no nation is responsible to itself alone, but that laws of political morality are universal; and that obedience to such laws is incumbent upon all nations
To be someone's duty or responsibility to do something.
who would sustain their own sovereignty and justify their sovereign relationship with other nations.

We, the Japanese people, pledge our national honor to accomplish these high ideals and purposes with all our resources.

第一章　天皇

第一条　天皇は、日本国の象徴であり日本国民統合の象徴であって、この地位は、主権の存する日本国民の総意に基く。

ことばに表わしにくい事象、心象などに対して、それを想起、連想させるような具体的な事物や感覚的なことばで置きかえて表わすこと。また、その表わしたもの。

二つ以上のものを一つにまとめおさめること。

国家の最高の意思および国の政治を最終的に決定する権力。

すべての人の意思。全体に共通している意見。

CHAPTER I.

THE EMPEROR

Article 1. The Emperor shall be the symbol of the State and of the unity of the people, deriving his position from the will of the people with whom resides sovereign power.

A sign or object that is used to represent something.

When everyone agrees with each other or wants to stay together.

Volonté générale "a public and solemn declaration of the general will on an object of common interest." Jean-Jacques Rousseau, Letters Written from the Mountain.

The power of a country to control its own government.

Hiroshi SUGIMOTO

'Emperor Hirohito'

Portraits

1999

gelatin silver print

杉本博司

「昭和天皇」

ポートレート

1999

ゼラチン・シルバー・プリント

第二条　皇位は、世襲のものであって、国会の議決した皇室典範の定めるところにより、これを継承する。

皇室典範　皇室に関する重要な事柄を定める法律。皇位継承、皇族の範囲、摂政、天皇および皇族の身分、皇室会議などについて規定している。

地位・財産・職業などを嫡系の子孫が代々うけついでゆくこと。

Article 2. The Imperial Throne shall be dynastic and succeeded to in accordance with the Imperial House Law passed by the Diet.

dynastic
A series of rulers who are all from the same family.

Diet
The system of official rule in a country.

Imperial
Relating or belonging to an empire or the person who rules it.

House
An important family, especially a royal one.

Katsumi OMORI

'Koza, Okinawa 2004'

Sanayora (Aiikusha)

2004

type C-print

大森克己

「沖縄県コザ ２００４年」

『サナヨラ』（愛育社）

2004

タイプＣプリント

第三条　天皇の国事に関するすべての行為には、内閣の助言と承認を必要とし、内閣が、その責任を負ふ。

直接国家に関係する事件。特に、一国の政治にかかわる事柄。

正当であると認めること。肯定の意志を表示すること。

Article 3. The advice and approval of the Cabinet shall be required for all acts of the Emperor in matters of state, and the Cabinet shall be responsible therefor.

To accept, allow, or officially agree to something.

The country of Japan.

Yasuhiro ISHIMOTO

'Door handle in the form of pine needles
(the Music Room)'

1953-54

gelatin silver print

石元泰博

「桂離宮　松葉型襖引手
（楽器の間）」

1953-54

ゼラチン・シルバー・プリント

第四条　天皇は、この憲法の定める国事に関する行為のみを行ひ、国政に関する権能を有しない。

② 天皇は、法律の定めるところにより、その国事に関する行為を委任することができる。

Article 4. The Emperor shall perform only such acts in matters of state as are provided for in this Constitution and he shall not have powers related to government.

Political control in a country.

The Emperor may delegate the performance of his acts in matters of state as may be provided by law.

To give someone else part of your work or some of your responsibilities.

Tomoko YONEDA

'Foujita's Glasses

–Viewing a telegram he sent to GHQ officer

Sherman who helped him leave Japan'

2015

gelatin silver print

米田知子

「藤田嗣治の眼鏡

—日本出国を助けたシャーマン

GHQ 民政官に送った電報を見る」

2015

ゼラチン・シルバー・プリント

第五条　皇室典範の定めるところにより摂政を置くときは、摂政は、天皇の名でその国事に関する行為を行ふ。この場合には、前条第一項の規定を準用する。

摂政　せっしょう
明治以降、天皇の代理機関。天皇が未成年のときや、精神もしくは身体の重患又は重大な事故により国事に関する行為をみずからすることができないときに置かれる。皇室会議の議を経て、成年に達した皇族が、一定の順序により就任する。

準用　じゅんよう
ある物事を標準として適用すること。

Article 5. When, in accordance with the Imperial House Law, a Regency is established, the Regent shall perform his acts in matters

A person who rules a country for a limited period, because the king or queen is absent or too young, too ill, etc.

of state in the Emperor's name. In this case, paragraph one of the preceding article will be applicable.

Affecting or relating to a person or situation.

Genpei AKASEGAWA
'Morphology of Revenge (Take a Close Look at the Opponent before You kill Him)'
1963　ink　paper

赤瀬川原平
「復讐の形態学〈殺す前に相手をよく見る〉」
1963　インク　紙

第六条　天皇は、国会の指名に基いて、内閣総理大臣を任命する。

② 天皇は、内閣の指名に基いて、最高裁判所の長たる裁判官を任命する。

Article 6. The Emperor shall appoint the Prime Minister as designated by the Diet.

The leader of an elected government in some countries.

The Emperor shall appoint the Chief Judge of the Supreme Court as designated by the Cabinet.

The court of law that has the most authority in a state or country.

KWAK Duck-Jun

'Clinton and Kwak'

1993

silkscreen

郭 徳 俊

「クリントンと郭」

1993

シルクスクリーン

第七条　天皇は、内閣の助言と承認により、国民のために、左の国事に関する行為を行ふ。

一　憲法改正、法律、政令及び条約を公布すること。

法令などを一般国民に公表すること。ふつう、官報などの政府定期刊行物に掲載される。

二　国会を召集すること。

国会議員に対し、一定の期日に各議院に集会することを命ずる行為。

三　衆議院を解散すること。

衆議院または地方公共団体の議会で、議員全体に対し、その任期満了前に議員たる資格をいっせいに奪うこと。

Article 7. The Emperor, with the advice and approval of the Cabinet, shall perform the following acts in matters of state on behalf of the people:

Promulgation of amendments of the
To announce something publicly, especially a new law.
constitution, laws, cabinet orders and treaties.

Convocation of the Diet.
To arrange or call people to attend a large formal meeting.

Dissolution of the House of
To end an organization or official arrangement.　The group of politicians elected by people to make laws.
Representatives.

四 国会議員の総選挙の施行を公示すること。

五 国務大臣及び法律の定めるその他の官吏の任免並びに全権委任状及び大使及び公使の信任状を認証すること。

役人。官人。官員。

法令、裁判、行政処分などの内容を実行、実現すること。

六 大赦、特赦、減刑、刑の執行の免除及び復権を認証すること。

恩赦の一つ。有罪の言渡しを受けた特定の者に対して、有罪の言渡しの効力を失わせること。

恩赦の一つ。政令で罪の種類を定めてその刑罰の赦免をすること。有罪の言渡しを受けた者については言渡しは効力を失い、有罪の言渡しを受けない者については公訴権が消滅する。

Proclamation of general election of members of the Diet.

Attestation of the appointment and dismissal of Ministers of State and other officials as provided for by law, and of full powers and credentials of Ambassadors and Ministers.

To say officially that something is true or accurate.

Persons who have important positions in the government.

Attestation of general and special amnesty, commutation of punishment, reprieve, and

A decision by a government that allows political prisoners to go free.

A change of a legal penalty or punishment to a lesser one.

An official order that stops or delays the punishment, especially by death, of a prisoner.

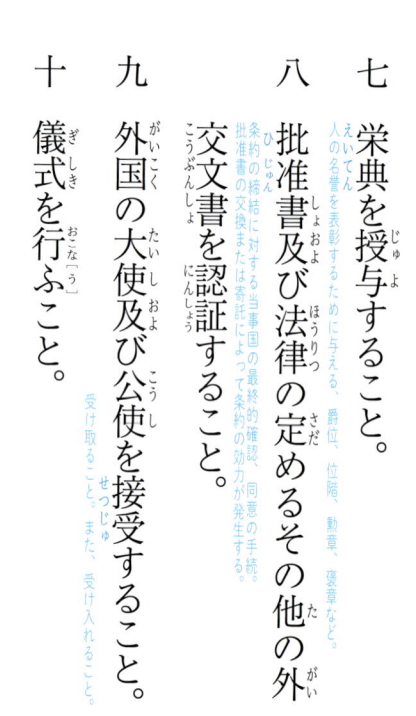

七　栄典を授与すること。
えいてん〔じゅよ〕
人の名誉を表彰するために与える、爵位、位階、勲章、褒章など。

八　批准書及び法律の定めるその他の外
ひじゅん〔ほうりつ〕〔さだ〕〔た〕〔がい〕
条約の締結に対する当事国の最終的確認、同意の手続。
批准書の交換または寄託によって条約の効力が発生する。

九　交文書を認証すること。
こうぶんしょ〔にんしょう〕

十　外国の大使及び公使を接受すること。
がいこく〔たいしおよ〕〔こうし〕〔せつじゅ〕
受け取ること。また、受け入れること。

十　儀式を行ふこと。
〔ぎしき〕〔おこな「う」〕

restoration of rights.

Awarding of honors.

Attestation of instruments of ratification

and other diplomatic documents as provided

for by law.

Receiving foreign ambassadors and

ministers.

Performance of ceremonial functions.

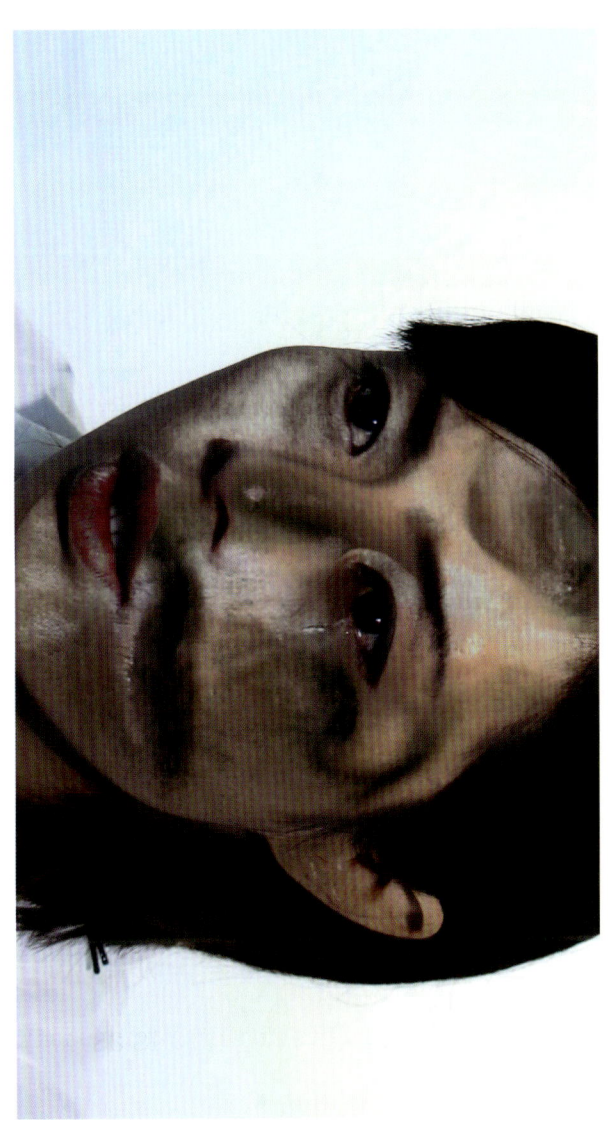

山城知佳子
「あなたの声は私の喉を通った」
2009
ヴィデオ

Chikako YAMASHIRO
'Your voice
came out through my throat'
2009
video

第八条　皇室に財産を譲り渡し、又は皇室が、財産を譲り受け、若しくは賜与することは、国会の議決に基かなければならない。

身分の高い人が下の者に、金品を与えること。

Article 8. No property can be given to, or received by, the Imperial House, nor can any gifts be made therefrom, without the authorization of the Diet.

A present or something that is given.

Haruka KOJIN

'toi, toi, toi'

2013 (2002-)

Broken glass of accident car

photo Yusuke Watanabe

荒神明香

「toi, toi, toi」

2013 (2002-)

事故車のガラス破片

撮影 渡部勇介

第二章　戦争の放棄

第九条

第九条　日本国民は、正義と秩序を基調とする国際平和を誠実に希求し、国権の発動たる戦争と、武力による威嚇又は武力の行使は、国際紛争を解決する手段としては、永久にこれを放棄する。

<small>作品、思想、行動な的な考え方や傾向。</small>

<small>国家の権威。国家権力。</small>

<small>法的権限を行使すること。活動をはじめること。権能を発すること。法的権限を行使すること。</small>

<small>使うこと。特に、権利、権力などを実際に用いること。</small>

<small>ある状態が時間的に無限に続くこと。また、そのさま。</small>

<small>威力を相手に示しておどすこと。</small>

<small>願い求めること。希望。</small>

<small>自分の権利・資格・利益を捨てて行使しないこと。</small>

CHAPTER II.

RENUNCIATION OF WAR

<small>To say formally or publicly that you no longer own, support, believe in, or have a connection with something.</small>

Article 9. Aspiring sincerely to an

<small>To hope to achieve something.</small>

international peace based on justice and order,

<small>If you base something on facts or ideas, you use those facts or ideas to develop it.</small>

the Japanese people forever renounce war as a

<small>For all time in the future.</small>

sovereign right of the nation and the threat or

<small>Something that the law allows you to do.</small> <small>A country or the people living in a country.</small> <small>Fighting, using soldiers and weapons, between two or more countries, or two or more groups inside a country.</small>

use of force as means of settling international

<small>A suggestion that something unpleasant or violent will happen, especially if a particular action or order is not followed.</small>

disputes.

Tsunehisa KIMURA

'It's none of my business'

1968

photomontage

木村恒久

「俺の知ったことじゃない」

1968

フォトモンタージュ

② 前項の目的を達するため、陸海空軍その他の戦力は、これを保持しない。国の交戦権は、これを認めない。

In order to accomplish the aim of the preceding paragraph, land, sea, and air forces, as well as other war potential, will never be maintained. The right of belligerency of the state will not be recognized.

Something that the law allows you to do.　Wanting to fight or argue.

Tsuyoshi OZAWA
'Vegetable Weapon:
Katogo (Simmered vegetable with banana) -1
/ Hoima, Uganda'

2008

type C-print

小沢 剛
「ベジタブル・ウェポン―
カトゴ（野菜とバナナの煮物）-1
／ホイマ、ウガンダ」

2008

タイプＣプリント

第三章　国民の権利及び義務

第十条　日本国民たる要件は、法律でこれを定める。

CHAPTER III.

RIGHTS AND DUTIES OF THE PEOPLE

Article 10. The conditions necessary for being a Japanese national shall be determined by law.

Yukinori YANAGI

'Hi-no-maru'

1995

seal japanese paper

柳幸典

「Hi-no-maru」

1995

印鑑 和紙

第十一条　国民は、すべての基本的人権の享有を妨げられない。この憲法が国民に保障する基本的人権は、侵すことのできない永久の権利として、現在及び将来の国民に与へ［え］られる。

Article 11. The people shall not be prevented from enjoying any of the fundamental human rights. These fundamental human rights guaranteed to the people by this Constitution shall be conferred upon the people of this and future generations as eternal and inviolate rights.

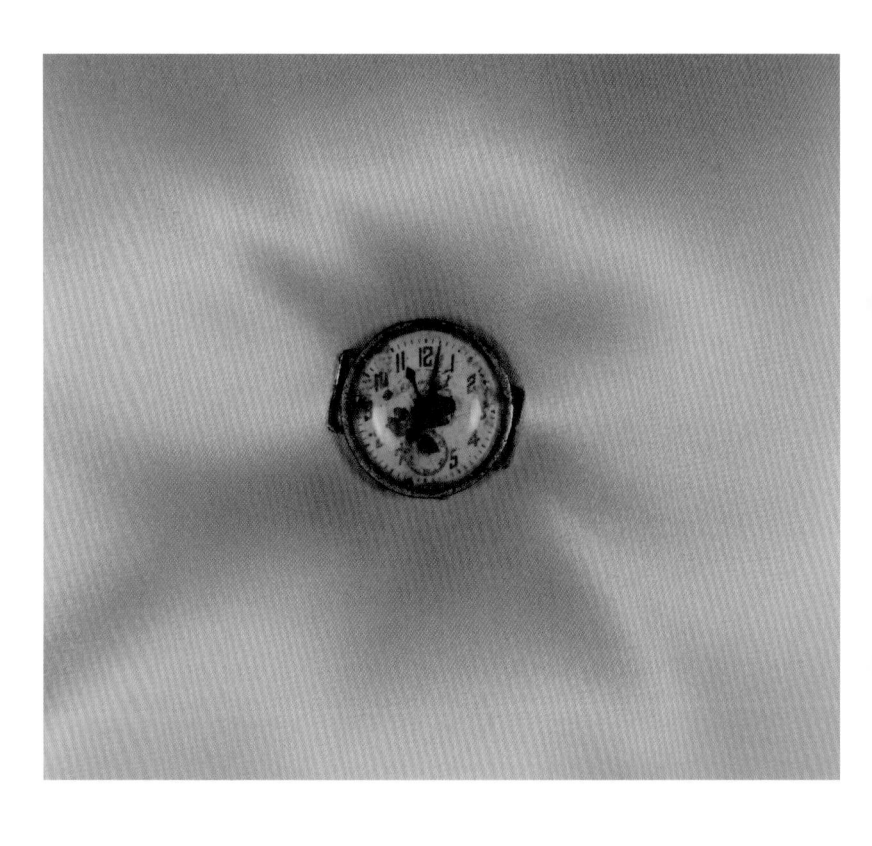

Shomei TOMATSU

'A wristwatch dug up from Ueno-machi,
Nagasaki International Cultural Center,
Hirano-machi'

1961

gelatin silver print

東松照明

「上野町から掘り出された腕時計 /
長崎国際文化会館・平野町」

1961

ゼラチン・シルバー・プリント

第十二条　この憲法が国民に保障する自由及び権利は、国民の不断の努力によつて、これを保持しなければならない。又、国民は、これを濫用してはならないのであつて、常に公共の福祉のためにこれを利用する責任を負ふ。

らんよう　みだりに用いること。やたらに用いること。
ふくし　幸福。さいわい。現代では、主に公的配慮による社会の成員の物的・経済的な充足をいう。

Article 12. The freedoms and rights

The right to live in the way you want, say what you think, and make your own decisions without being controlled by anyone else.

Something that the law allows you to do.

guaranteed to the people by this Constitution

All the ordinary people in a country.

shall be maintained by the constant endeavor

"The individuals, themselves, each, in his own personal and sovereign right, entered into a contract with each other to produce a government; this is the only mode in which governments have a right to arise, and the only principle on which they have a right to exist." Thomas Paine, Rights of Man, I, London, 1795.

of the people, who shall refrain from any abuse

When something is used for the wrong purpose in a way that is harmful or morally wrong.

of these freedoms and rights and shall always

be responsible for utilizing them for the public

welfare.

Someone's welfare is their health and happiness.

畠山直哉

「Slow Glass #036」

2001

タイプCプリント

Naoya HATAKEYAMA

'Slow Glass #036'

2001

type C-print

第十三条　すべて国民は、個人として尊重される。生命、自由及び幸福追求に対する国民の権利については、公共の福祉に反しない限り、立法その他の国政の上で、最大の尊重を必要とする。

生物が生物でありつづける根源。人や物事がよりどころとするもの。また、それなしには価値がなくなるもの。

自分の意のままに振る舞うことができること。また、そのさま。

Article 13. All of the people shall be respected as individuals. Their right to life,

"We hold these truths to be sacred & undeniable; that all men are created equal & independent, that from that equal creation they derive rights inherent & inalienable, among which are the preservation of life, & liberty, & the pursuit of happiness" first draft of The US Declaration of Independence 1776.

liberty, and the pursuit of happiness shall, to

"By liberty, was meant protection against the tyranny of the political rulers." John Stuart Mill, On Liberty, 1869.

the extent that it does not interfere with the public welfare, be the supreme consideration in legislation and in other governmental affairs.

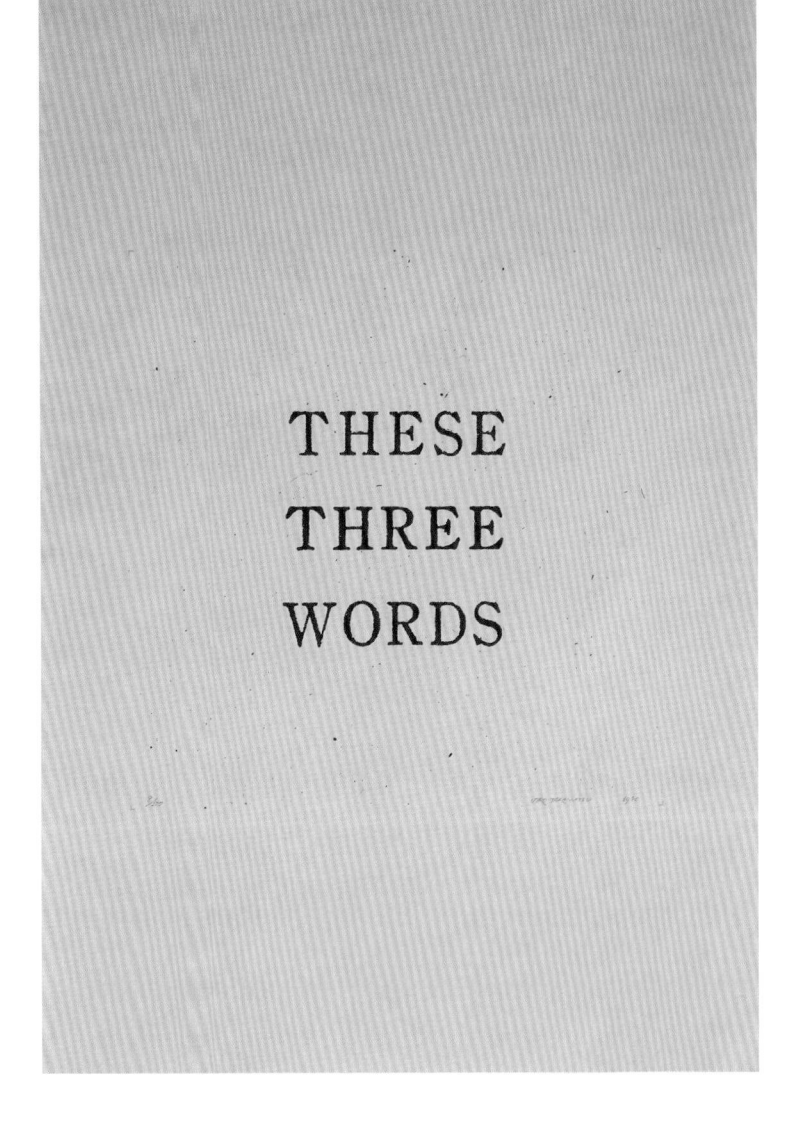

Jiro TAKAMATSU

'English Words'

1970

offset lithograph paper

高松次郎

「英語の単語」

1970

オフセットリトグラフ　紙

第十四条　すべて国民は、法の下に平等であつて、人種、信条、性別、社会的身分又は門地により、政治的、経済的又は社会的関係において、差別されない。

信条：堅く信じ守っている考え。信念。

性別

社会的身分

門地：家柄。門閥。

経済的

社会的関係

差別

ARTICLE 14. All of the people are equal under the law and there shall be no discrimination in political, economic or social relations because of race, creed, sex, social status or family origin.

A set of beliefs, especially religious beliefs that influence your life.

A group of people who are related to each other, such as a mother, a father, and their children.

The thing from which something comes, or the place where it began.

Yumiko YAMASHITA

'Flower and Child and Mother'

1999

pen board

やましたゆみこ

「花とこどもとおかあさん」

1999

ペン　ボード

② 華族その他の貴族の制度は、これを認めない。

明治時代に設けられた、江戸時代の公卿、諸侯をこれにあて、公侯、伯、子、男の爵位を授けられ、国家に勲功のあったた政治家、軍人、実業家なども列けられることができるようにた政治家、皇族の下、士族の上に位置し、種々かぞくの特権を受けた。昭和二二年（一九四七）廃止。

華族や身分のとうとい人。また、社会の上流にあって、通例特権を世襲している階級。

③ 栄誉、勲章その他の栄典の授与は、いかなる特権も伴はない。栄典の授与は、現にこれを有し、又は将来これを受ける者の一代に限り、その効力を有する。

すぐれたものと認められる名誉。

すぐれたものと認められること。

さずけあたえること。

Peers and peerage shall not be recognized.

The group of people who are peers, either because of their families or because they are life peers.

No privilege shall accompany any award of

In the UK, a person who has a high social position and any of a range of titles, including baron, earl, and duke, or a life peer.

honor, decoration or any distinction, nor shall

An official sign of respect such as a medal.

To officially give someone something such as a prize or an amount of money.

any such award be valid beyond the lifetime of

"As 'fountain of honour' in the UK, The Queen has the sole right of conferring titles of honour on deserving people from all walks of life, in public recognition of their merit, service or bravery." https://www.royal.uk/queen-and-honours

the individual who now holds or hereafter may

receive it.

Tadashi IMAI

'Mata Au Hi Made' (TOHO)

Yoshiko Kuga   Eiji Okada

1950

movie

今井正

『また逢う日まで』（東宝）

久我美子　岡田英次

1950

映画

第十五条　公務員を選定し、及びこれを罷免することは、国民固有の権利である。

② すべて公務員は、全体の奉仕者であって、一部の奉仕者ではない。

③ 公務員の選挙については、成年者による普通選挙を保障する。

④ すべて選挙における投票の秘密は、

Article 15. The people have the inalienable

right to choose their public officials and to

dismiss them.

All public officials are servants of the

whole community and not of any group

thereof.

これを侵してはならない。　選挙人は、その選択に関し公的にも私的にも責任を問はれない。

Universal adult suffrage is guaranteed with regard to the election of public officials.

In all elections, secrecy of the ballot shall not be violated. A voter shall not be answerable, publicly or privately, for the choice he has made.

第十六条　何人も、損害の救済、公務員の罷免、法律、命令又は規則の制定、廃止又は改正その他の事項に関し、平穏に請願する権利を有し、何人も、かかる請願をしたためにいかなる差別待遇も受けない。

Article 16. Every person shall have the right of peaceful petition for the redress of damage, for the removal of public officials, for the enactment, repeal or amendment of laws, ordinances or regulations and for other matters; nor shall any person be in any way discriminated against for sponsoring such a petition.

Miran FUKUDA

'Spring—front page, the next morning's news paper'

2013

acrylic　panel

photo Norihiro Ueno

福田美蘭

「春―翌日の朝刊一面」

2013

アクリル　パネル

撮影 上野則宏

第十七条　何人も、公務員の不法行為により、損害を受けたときは、法律の定めるところにより、国又は公共団体に、その賠償を求めることができる。

他に与えた損害を、おぎないつぐなうこと。

Article 17. Every person may sue for redress as provided by law from the State or a

To correct something that is wrong, unfair, or not equal.

public entity, in case he has suffered damage through illegal act of any public official.

Kenjiro OKAZAKI

'Akasakamitsuke 17'

1987-89

acrylic pigment polypropylene polyethylene

photo Risaku Suzuki

岡﨑乾二郎

「あかさかみつけ 17」

1987-89

アクリル　顔料　ポリプロピレン　ポリエチレン

撮影 鈴木理策

第十八条 何人も、いかなる奴隷的拘束も受けない。又、犯罪に因る処罰の場合を除いては、その意に反する苦役に服させられない。

人間として基本的な権利や、自由が認められず、他人の支配の下に労働を強制され、また、売買、譲渡される人。

権利・自由などを制限され、他の者の支配を受けるもの。

とらえつなぐこと。自由を制限すること。

れいてき 自由を制限すること。

しょばつ 刑罰。

ばあい 場合。

のぞ 除く。

くえき 苦しい労役。つらい労働。刑務所で働くこと。懲役。

Article 18. No person shall be held in

To keep someone in a place so that they cannot leave.

bondage of any kind. Involuntary servitude,

When someone is completely controlled by something or is a slave (= owned by the person they work for).

The state of being under the control of someone else and of having no freedom.

except as punishment for crime, is prohibited.

Hi-Red Center
'Shelter Plan'
Shelter Model (Kawani Hiroshi)
1964
photograph wood
photo Mitsutoshi Hanaga

ハイレッド・センター
「シェルター計画」
シェルター模型（川仁宏）
1964
写真 木
撮影 羽永光利

第十九条　思想及び良心の自由は、これを侵してはならない。

心に思い浮かべること。思いをめぐらすこと。また、その考え。

思想

物事の是非・善悪を正直に判断し、状況や利害に左右されずに善いと信じるところに従って行動しようとする気持。

良心

Article 19. Freedom of thought and
The activity of thinking, or when you
think about something carefully.
conscience shall not be violated.
The part of you that makes you feel
guilty when you have behaved badly.

Yoshitoshi KANEMAKI

'Circle Caprice'

2018

paint camphor wood

金巻芳俊

「円環カプリス」

2018

彩色 樟

第二十条　信教の自由は、何人に対してもこれを保障する。いかなる宗教団体も、国から特権を受け、又は政治上の権力を行使してはならない。

Article 20. Freedom of religion is guaranteed to all. No religious organization shall receive any privileges from the State, nor exercise any political authority.

Masatoshi NAITO

'Ganzan Daishi'

1968

gelatin silver print

内藤正敏

「元三大師」

1968

ゼラチン・シルバー・プリント

② 何人も、宗教上の行為、祝典、儀式又は行事に参加することを強制されない。

③ 国及びその機関は、宗教教育その他いかなる宗教的活動もしてはならない。

法人や団体などが意思を決定したり、実行したりするために設けた組織。

No person shall be compelled to take part in any religious act, celebration, rite or practice.

To force someone to do something.

A traditional ceremony in a particular religion or culture.

"In every government there are three sorts of power: the legislative; the executive in respect to things dependent on the law of nations; and the executive in regard to matters that depend on the civil law. By virtue of the first, the prince or magistrate enacts temporary or perpetual laws, and amends or abrogates those that have been already enacted. By the second, he makes peace or war, sends or receives embassies, establishes the public security, and provides against invasions. By the third, he punishes criminals, or determines the disputes that arise between individuals." Charles-Louis de Secondat, Baron de La Brède et de Montesquieu (1689 – 1755) The Spirit of the Laws, Book XI, CHAP. VI.: Of the Constitution of England.

The State and its organs shall refrain from religious education or any other religious activity.

Tadao ANDO

'Hill of the Buddha'

Makomanai Takino Cemetery

2016

architecture

安藤忠雄

「頭大仏殿」

真駒内滝野霊園

2016

建築

第二十一条　集会、結社及び言論、出版その

他一切の表現の自由は、これを保障する。

②　検閲は、これをしてはならない。通信の

秘密は、これを侵してはならない。

結社　共通の目的を遂行するために組織される、多人数の継続的な集合体。また、特定の目的のために組織された社会集団をいう。

検閲　しらべ、あらためること。行政権が主体となって、新聞・雑誌・書籍をはじめ放送・映画・演劇・郵便信書などの表現内容を発表前に強制的に審査して、不適当と認めるものの発表を禁止すること。思想統制・公安または風俗保持のために行なわれた。

Article 21. Freedom of assembly and association as well as speech, press and all

An organization of people with the same interests or with a particular purpose.

other forms of expression are guaranteed.

When you say what you think or show how you feel using words or actions.

No censorship shall be maintained,

To remove parts of something, such as a book, movie, or letter, that you do not want someone to see or hear.

nor shall the secrecy of any means of

communication be violated.

Gaku MIYAZAKI

'The Central Alps Japanese Bear'

Mori No Shashin Doubutsu Ki [5] (Kaiseisha)

2008

type C-print

宮崎学

「中央アルプス ツキノワグマ」

『森の写真動物記〈5〉クマのすむ山』(偕成社)

2008

タイプCプリント

第二十二条　何人も、公共の福祉に反しない限り、居住、移転及び職業選択の自由を有する。

② 何人も、外国に移住し、又は国籍を離脱する自由を侵されない。

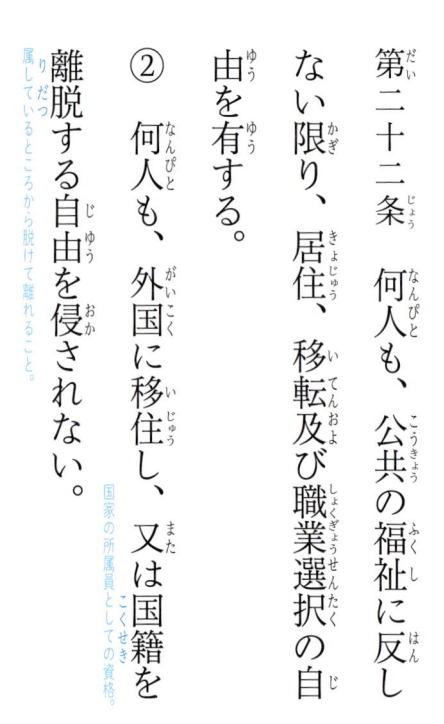

属しているところから脱けて離れること。

国家の所属員としての資格。

Article 22. Every person shall have freedom to choose and change his residence and to choose his occupation to the extent that it does not interfere with the public welfare.

Freedom of all persons to move to a foreign country and to divest themselves of their nationality shall be inviolate.

If you divest yourself of a property, you get rid of it, usually by selling.

The official right to belong to a particular country.

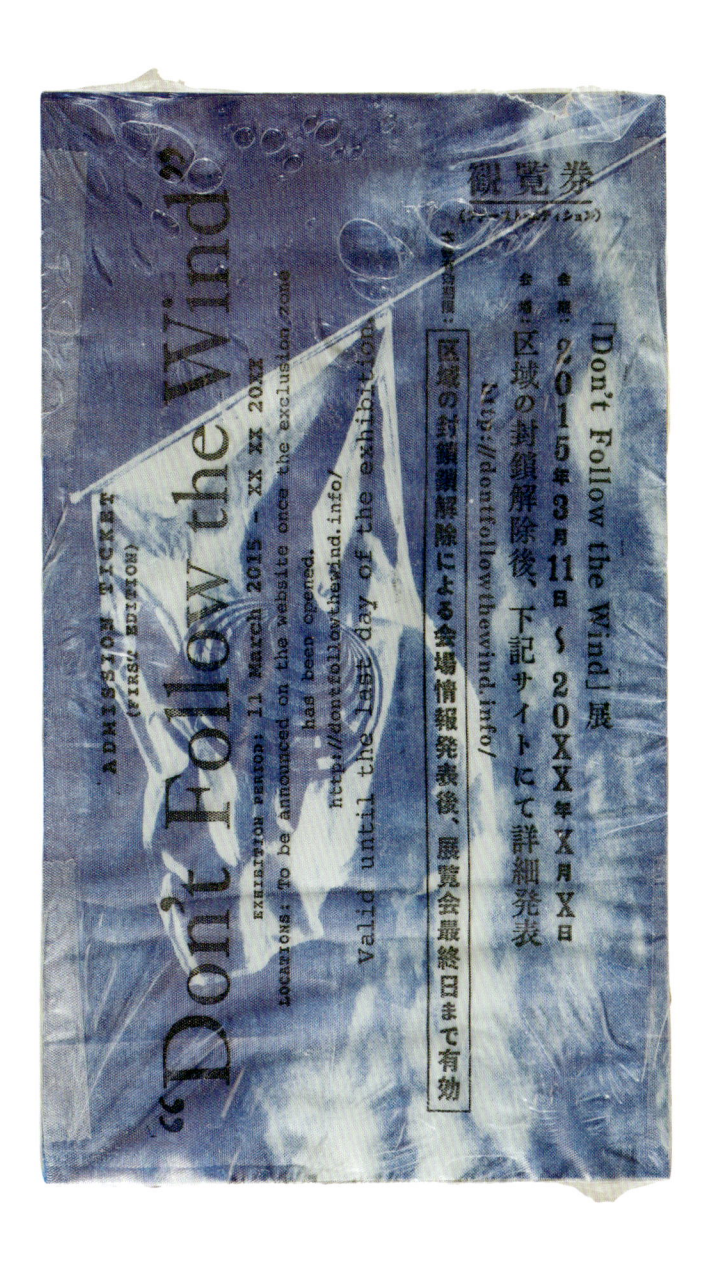

Don't Follow the Wind

'Future Entrance Ticket'

2015-

Future entry ticket to "Don't Follow the Wind" exhibition

Don't Follow the Wind

「未来の入場券」

2015-

「Don't Follow the Wind」展の入場券

第二十三条　学問の自由は、これを保障する。

<ruby>障害<rt>しょうがい</rt></ruby>のないように<ruby>保<rt>ほ</rt></ruby>つこと。<ruby>責任<rt>せきにん</rt></ruby>をもって、<ruby>相手<rt>あいて</rt></ruby>の<ruby>立場<rt>たちば</rt></ruby>や<ruby>権利<rt>けんり</rt></ruby>などを<ruby>保護<rt>ほご</rt></ruby>し<ruby>守<rt>まも</rt></ruby>ること。

Article 23. Academic freedom is guaranteed.

To promise that something is true or will happen.

Tiger TATEISHI

‘Untitled (Illustration for manga)’

1983

pencil paper

立石大河亞

「**無題**」

1983

鉛筆　紙

第二十四条　婚姻は、両性の合意のみに基いて成立し、夫婦が同等の権利を有することを基本として、相互の協力により、維持されなければならない。

婚姻
男女が性の結合を基礎として、また、その関係にはいる法律行為。

夫婦
結合的に営むこと。夫婦共同の生活を継

同等
等級が同じであること。程度が同じであること。

権利
ゆう

相互
きょうりょく

維持

Article 24. Marriage shall be based only on

A legally accepted relationship between
two people in which they live together, or
the official ceremony that results in this.

the mutual consent of both sexes and it shall

be maintained through mutual cooperation

with the equal rights of husband and wife as a

(Equal Rights Amendment) A suggested change to
the US constitution (= set of national laws) which
was intended to give women the right to equal
treatment under any national or local law, but has
never completed the process of being approved.

basis.

エキソニモ

「キス、
または二台のモニタ」

2017

ミクストメディア

exonemo

'Kiss, or Dual Monitors'

2017

mixed media

② 配偶者の選択、財産権、相続、住居の選定、離婚並びに婚姻及び家族に関するその他の事項に関しては、法律は、個人の尊厳と両性の本質的平等に立脚して、制定されなければならない。

はいぐうしゃ
夫婦の一方を他方から見ていう。

ざいさんけん
そうぞく
法律で、人の死亡によってその人に属した財産上の権利義務を一定の身分関係にある者が受け継ぐこと。

じゅうきょ
せん
こじん
そんげん
りょう
た

りこんなら
こんいんおよ
かぞく
ほうりつ

じこう
かん

せい
ほんしつてきびょうどう
りっきゃく
自分のよって立つ場を定めること。立場を決めてそれをよりどころにすること。
せいてい

With regard to choice of spouse, property

Your husband
or wife.

rights, inheritance, choice of domicile, divorce

Money or possessions that
someone gives you when they die.
The place where
a person lives.

and other matters pertaining to marriage

To relate to something.

and the family, laws shall be enacted from

the standpoint of individual dignity and the

"All are equal before the law and are entitled without any
discrimination to equal protection of the law." Article 7 of
the Universal Declaration of Human Rights (UDHR)

essential equality of the sexes.

Teiji FURUHASHI

'LOVERS'

1994

video installation

photo ©ARTLAB Canon Inc.

古橋悌二

「LOVERS」

1994

ヴィデオ・インスタレーション

撮影 © ARTLAB Canon Inc.

第二十五条　すべて国民は、健康で文化的な最低限度の生活を営む権利を有する。

②　国は、すべての生活部面について、社会福祉、社会保障及び公衆衛生の向上及び増進に努めなければならない。

Article 25. All people shall have the right to maintain the minimum standards of wholesome and cultured living.

In all spheres of life, the State shall use its endeavors for the promotion and extension of social welfare and security, and of public health.

Yuki ONODERA

オノデラユキ

'Portrait of Second-hand Clothes. No.2'

「古着のポートレート No.2」

1994

1994

gelatin silver print

ゼラチン・シルバー・プリント

第二十六条　すべて国民は、法律の定めるところにより、その能力に応じて、ひとしく教育を受ける権利を有する。

② すべて国民は、法律の定めるところにより、その保護する子女に普通教育を受けさせる義務を負ふ。義務教育は、これを無償とする。

Article 26. All people shall have the right to receive an equal education correspondent to their ability, as provided by law.

All people shall be obligated to have all boys and girls under their protection receive ordinary education as provided for by law. Such compulsory education shall be free.

Fuminao SUENAGA

'Tangram Painting (Blackboard)'

2014

pigment acrylic cotton panel

末永史尚

「Tangram Painting（黒板）」

2014

顔料　アクリル　綿布　パネル

第二十七条　すべて国民は、勤労の権利を有し、義務を負ふ。

勤労　心身を労して仕事に勤めること。

負う　人が、その立場や職分に応じて、しなければならないこと。人が、道徳的にしなければならないこと。法令によって課せられる拘束。

② 賃金、就業時間、休息その他の勤労条件に関する基準は、法律でこれを定める。

勤労条件

③ 児童は、これを酷使してはならない。

酷使　人や牛馬・機械などを、限度を超えて働かせること。

Article 27. All people shall have the right and the obligation to work.

Something that you do because it is your duty or because you feel you have to.

Something you do as a job to earn money.

Standards for wages, hours, rest and other working conditions shall be fixed by law.

Children shall not be exploited.

To use someone or something unfairly for your own advantage.

Chimei HAMADA

'Elegy of a New Conscript'

Under the Shadow of a Rifle Stand

1951

etching aquatint paper

浜田知明

「初年兵哀歌」

銃架のかげ

1951

エッチング　アクアチント　紙

第二十八条　勤労者の団結する権利及び団体交渉その他の団体行動をする権利は、これを保障する。

多くの人々が強く結び合ってまとまること。また、力を合わせて事に当たること。

労働組合や争議団と使用者またはその団体との間で、賃金や労働時間など、労働条件に関して行なわれる交渉。

Article 28. The right of workers to organize and to bargain and act collectively is guaranteed.

To plan or arrange something.

The system in which employees talk as a group with their employers to try to agree on matters such as pay and working conditions.

Akumanoshirusi
'Carry-in-Project # 17 'Tobilari''
2015　theater　photo Kenta Matsuo

悪魔のしるし
「搬入プロジェクト # 17 飛渡計画」
2015　演劇　撮影 松尾健太

第二十九条　財産権は、これを侵してはならない。

② 財産権の内容は、公共の福祉に適合するやうに、法律でこれを定める。

③ 私有財産は、正当な補償の下に、これを公共のために用ひることができる。

Article 29. The right to own or to hold property is inviolable.

Property rights shall be defined by law, in conformity with the public welfare.

Following traditional rules or traditional ways of doing things.

Private property may be taken for public use upon just compensation therefor.

Money that you pay to someone because you are responsible for injuring them or damaging something.

Tatzu NISHI

'mir ist seltsam zumute'

1998

mixed media

西野達

「mir ist seltsam zumute」

1998

ミクストメディア

第三十条　国民は、法律の定めるところにより、納税の義務を負ふ。

税金を納めること。また、納める税金。

Article 30. The people shall be liable to taxation as provided by law.

Tomoo GOKITA

'Showgirl'

2013

acrylic gouache charcoal gesso canvas

photo Kenji Takahashi

五木田智央

「ショーガール」

2013

アクリルグワッシュ　木炭　ジェッソ　カンヴァス

撮影 高橋健治

第三十一条　何人も、法律の定める手続によらなければ、その生命若しくは自由を奪はれ、又はその他の刑罰を科せられない。

Article 31. No person shall be deprived of life or liberty, nor shall any other criminal penalty be imposed, except according to procedure established by law.

Tadahiko HAYASHI

'Nichigeki Okujou No Odoriko'

Kasutori Jidai

1947

gelatin silver print

林忠彦

「日劇屋上の踊り子」

『カストリ時代』

1947

ゼラチン・シルバー・プリント

第三十二条　何人も、裁判所において裁判を受ける権利を奪はれない。

Article 32. No person shall be denied the right of access to the courts.

第三十三条　何人も、現行犯として逮捕される場合を除いては、権限を有する司法官憲が発し、且つ理由となつてゐる犯罪を明示する令状によらなければ、逮捕されない。

現に行なつてゐるとき、また直接に発覚した犯罪。また、現行犯人のこと。

逮捕状・勾引状・勾留状・差押状など、裁判官または裁判所が発する書面で、人、また物に対する強制処分を内容とするもの。

政府または官庁の法規。行政官庁。その筋。特に警察関係の役所あるいは役人についていう。

人の体に直接、力を加えてその行動の自由をうばうことと、刑事事件について被疑者の身体の自由を拘束し、引致し、抑留する行為。

はっきりと示すこと。あきらかに示すこと。

Article 33. No person shall be apprehended

An official document that allows someone to do something, for example that allows a police officer to search a building.

except upon warrant issued by a competent

Someone who works for a government department.

judicial officer which specifies the offense

Relating to a court of law or the legal system.

To say or describe something in a detailed way.

with which the person is charged, unless he is

apprehended, the offense being committed.

If the police apprehend someone, they catch them and take them away to ask them about a crime which they might have committed.

To do something that is considered wrong, or that is illegal.

第三十四条　何人も、理由を直ちに告げられ、且つ、直ちに弁護人に依頼する権利を与へられなければ、抑留又は拘禁されない。又、何人も、正当な理由がなければ、拘禁されず、要求があれば、その理由は、直ちに本人及びその弁護人の出席する公開の法廷で示されなければならない。

Article 34. No person shall be arrested or detained without being at once informed of the charges against him or without the immediate privilege of counsel; nor shall he be detained without adequate cause; and upon demand of any person such cause must be immediately shown in open court in his presence and the presence of his counsel.

アヤ　ズ
「ソク・シン・　ン」計画

アヤ　ズは、7月29日 P.M.7時から、8月21日 P.M.9時まで、

会場内の、四角い白い箱に入っています。

皆さんから、アヤ　ズは見えません。

アヤ　ズから、皆さんは見えません。

四角い白い箱の中には、灯がありません。

まっ暗闇です。彼には何も見えていません。

彼は期間中、この箱の中で24日間すごし、

その間、箱の外の全ての人と「言葉による会話」を絶ちます。

箱の外から声をかけてもかまいませんが、

中から言葉による返事は無いことをご了承下さい。

唯一、ノックの音にはノックで答えます。

よろしければノックしてみてください。

展覧会の進行上発生し得る諸トラブル等に対する対応は、すべて展覧会運営スタッフに一任されております。
スタッフがアヤ　ズ本人が非常・緊急と判断した場合には、「言葉による会話」を行う場合があります。
また主催者側の判断、及びアヤ　ズ本人の申告により、パフォーマンスの継続を止める場合も有り得ますので、ご了承下さい。

箱の中身について

・アヤ　ズ
・換気用ファン　2.5×1台
・ミネラルウォーター　1日2リットル×24日分
・食塩　100g
・黒砂糖　300g
・マルチビタミン　90g
・経腸栄養剤
　エンシュア・リキッド　1日1缶（250ml）×24日分
　＋予備として12缶
・タオルケット　4枚
・Tシャツ　6枚／パンツ　6枚
・ジャージ上下　1着
・タオル　6枚
・90リットルゴミ用ポリ容器　2個
・90リットルゴミ袋　6枚
・排便用バケツ　1個
・排便用ビニール　24枚
・尿取りパット　1日4枚×24日分
・小便およびゴミ用ジップロック　1日6枚×24日分
・消毒用エタノール　500ml　1本
・ウエットティッシュ　3m
・ティッシュ　24m
・耳栓　1個
・爪切り　1個
・ドライバー　1個
・ガムテープ　1個

※上記物品のそれぞれが、実際にどれだけ使用したかは、終了時に判明します。

エンシュア・リキッド　1缶（250ml）	
組成	
カゼインナトリウム	5.9g
カゼインナトリウムカルシウム	2.7g
分離大豆たん白質	1.3g
トウモロコシ油	8.3g
大豆レシチン	0.4g
デキストリン	24.5g
精製白糖	9.8g
レチノール・パルミチン酸エステル	344μg (1151 IU)
コレカルシフェロール	1.25μg (50 IU)
トコフェロール酢酸エステル	8.33mg
フィトナジオン	17.5μg
アスコルビン酸	38mg
チアミン塩化物塩酸塩	0.43mg
リボフラビン	0.43mg
ピリドキシン塩酸塩	0.61mg
シアノコバラミン	1.5μg
塩化コリン	0.15g
葉酸	50μg
ニコチン酸アミド	5.0mg
パントテン酸カルシウム	1.36mg
ビオチン	38μg
炭酸水素ナトリウム	76.5μg
塩化マグネシウム	0.41g
クエン酸鉄ナトリウム	0.46g
第三リン酸カルシウム	0.30g
塩化カリウム	0.30g
クエン酸三ナトリウム水和物	0.39g
硫酸亜鉛水和物	16.40mg
硫酸銅水和物	11.20mg
塩化マンガン	1.80mg
硫酸鉄	0.98mg
水酸化カリウム	24mg
クエン酸	25mg

Norimizu AMEYA

'Va　ng　nt'

2005

mixed media

飴屋法水

「バ　ング　ント」

2005

ミクストメディア

第三十五条　何人も、その住居、書類及び所持品について、侵入、捜索及び押収を受けることのない権利は、第三十三条の場合を除いては、正当な理由に基いて発せられ、且つ捜索する場所及び押収する物を明示する令状がなければ、侵されない。

Article 35. The right of all persons to be secure in their homes, papers and effects against entries, searches and seizures shall not be impaired except upon warrant issued for adequate cause and particularly describing the place to be searched and things to be seized, or except as provided by Article 33.

② 捜索又は押収は、権限を有する司法官憲が発する各別の令状により、これを行ふ。

Each search or seizure shall be made upon separate warrant issued by a competent judicial officer.

第三十六条　公務員による拷問及び残虐な刑罰は、絶対にこれを禁ずる。

拷問　肉体的苦痛を加えて、罪状などを白状させること。

残虐　平気で人や動物を苦しめ、しいたげること。むごたらしいこと。また、そのさま。

Article 36. The infliction of torture by any public officer and cruel punishments are absolutely forbidden.

To cause someone severe pain, often in order to make them tell you something.

To make someone suffer by doing something unpleasant to them.

Extremely unkind, or causing people or animals to suffer.

Fujio AKATSUKA

'Tensai Bakabon'

1967

pen　paper

赤塚不二夫

「天才バカボン」

1967

ペン　紙

第三十七条　すべて刑事事件において
は、被告人は、公平な裁判所の迅速な公
開裁判を受ける権利を有する。

②　刑事被告人は、すべての証人に対し
て審問する機会を充分に与へられ、又、
公費で自己のために強制的手続により証
人を求める権利を有する。

Article 37. In all criminal cases the accused

shall enjoy the right to a speedy and public

trial by an impartial tribunal.

He shall be permitted full opportunity to

examine all witnesses, and he shall have the

right of compulsory process for obtaining

witnesses on his behalf at public expense.

③　刑事被告人は、いかなる場合にも、資格を有する弁護人を依頼することができる。被告人が自らこれを依頼することができないときは、国でこれを附する。

けいじ（刑事）
ひこくにん（被告人）
ばあい（場合）
ゆう（有）
しかく ある事を行なうのに必要な、また、ふさわしい身分、地位、立場。
べんごにん（弁護人）
いらい（依頼）
ひこくにん（被告人）
みずか（自ら）
いらい（依頼）
くに（国）
ふ つけ加える。添える。

At all times the accused shall have the assistance of competent counsel who shall, if the accused is unable to secure the same by his own efforts, be assigned to his use by the State.

competent — Able to do something well.

assigned — To give someone a particular job or place to work.

第三十八条　何人も、自己に不利益な供述を強要されない。

② 強制、拷問若しくは脅迫による自白又は不当に長く抑留若しくは拘禁された後の自白は、これを証拠とすることができない。

③ 何人も、自己に不利益な唯一の証拠が本人の自白である場合には、有罪とされ、又は刑罰を科せられない。

Article 38. No person shall be compelled to testify against himself.

Confession made under compulsion, torture or threat, or after prolonged arrest or detention shall not be admitted in evidence.

No person shall be convicted or punished in cases where the only proof against him is his own confession.

Isamu WAKABAYASHI

'Attack on a Port I'

1969

iron

photo Susumu Wakisaka

若林奮

「港に対する攻撃 I」

1969

鉄

撮影 脇坂進

第三十九条　何人も、実行の時に適法であつた行為又は既に無罪とされた行為については、刑事上の責任を問はれない。又、同一の犯罪について、重ねて刑事上の責任を問はれない。

Article 39. No person shall be held criminally liable for an act which was lawful at the time it was committed, or of which he has been acquitted, nor shall he be placed in double jeopardy.

第四十条　何人も、抑留又は拘禁された後、無罪の裁判を受けたときは、法律の定めるところにより、国にその補償を求めることができる。

（補償　国や公共団体などが適法な行為によって特定の人に財産上の損害を与えた場合に、その損害をつぐなうこと。）

Article 40. Any person, in case he is acquitted after he has been arrested or detained, may sue the State for redress as provided by law.

（redress　To correct something that is wrong, unfair, or not equal.）

第四章　国会

第四十一条　国会は、国権の最高機関であつて、国の唯一の立法機関である。

国権……国家の権威。国家権力。また、国家の支配や統治を行なう権力。

CHAPTER IV.

THE DIET

Article 41. The Diet shall be the highest organ of state power, and shall be the sole law-making organ of the State.

An official or legal right to do something.

濱谷浩

「終戦の日の太陽」

1945

ゼラチン・シルバー・プリント

Hiroshi HAMAYA

'The Sun of 15 August'

1945

gelatin silver print

第四十二条　国会は、衆議院及び参議院の両議院でこれを構成する。

Article 42. The Diet shall consist of two Houses, namely the House of Representatives and the House of Councillors.

第四十三条　両議院は、全国民を代表する選挙された議員でこれを組織する。

② 両議院の議員の定数は、法律でこれを定める。

Article 43. Both Houses shall consist of elected members, representative of all the people.

The number of the members of each House shall be fixed by law.

第四十四条　両議院の議員及びその選挙人の資格は、法律でこれを定める。但し、人種、信条、性別、社会的身分、門地、教育、財産又は収入によつて差別してはならない。

Article 44. The qualifications of members of both Houses and their electors shall be fixed by law. However, there shall be no discrimination because of race, creed, sex, social status, family origin, education, property or income.

A person who votes.

A set of beliefs, especially religious beliefs.

One of the groups that people are divided into according to their physical characteristics.

When someone is treated unfairly because of their sex, race, religion, etc.

The country, race, or social class of a person's family.

Hikaru FUJII

'Playing Japanese'

2017

installation video

藤井光

「日本人を演じる」

2017

インスタレーション　ヴィデオ

第四十五条　衆議院議員の任期は、四年とする。但し、衆議院解散の場合には、その期間満了前に終了する。

Article 45. The term of office of members of the House of Representatives shall be four years. However, the term shall be terminated before the full term is up in case the House of Representatives is dissolved.

The fixed period of time when someone does an important job or is in a particular place.

第四十六条　参議院議員の任期は、六年とし、三年ごとに議員の半数を改選する。

改選
議員、役員などの任期が満了した際、その職につく人を改めて選挙すること。

Article 46. The term of office of members of the House of Councillors shall be six years, and election for half the members shall take place every three years.

A time when people vote in order to choose someone for a political or official job

第四十七条　選挙区、投票の方法その他両議院の議員の選挙に関する事項は、法律でこれを定める。

Article 47. Electoral districts, method of voting and other matters pertaining to the method of election of members of both Houses shall be fixed by law.

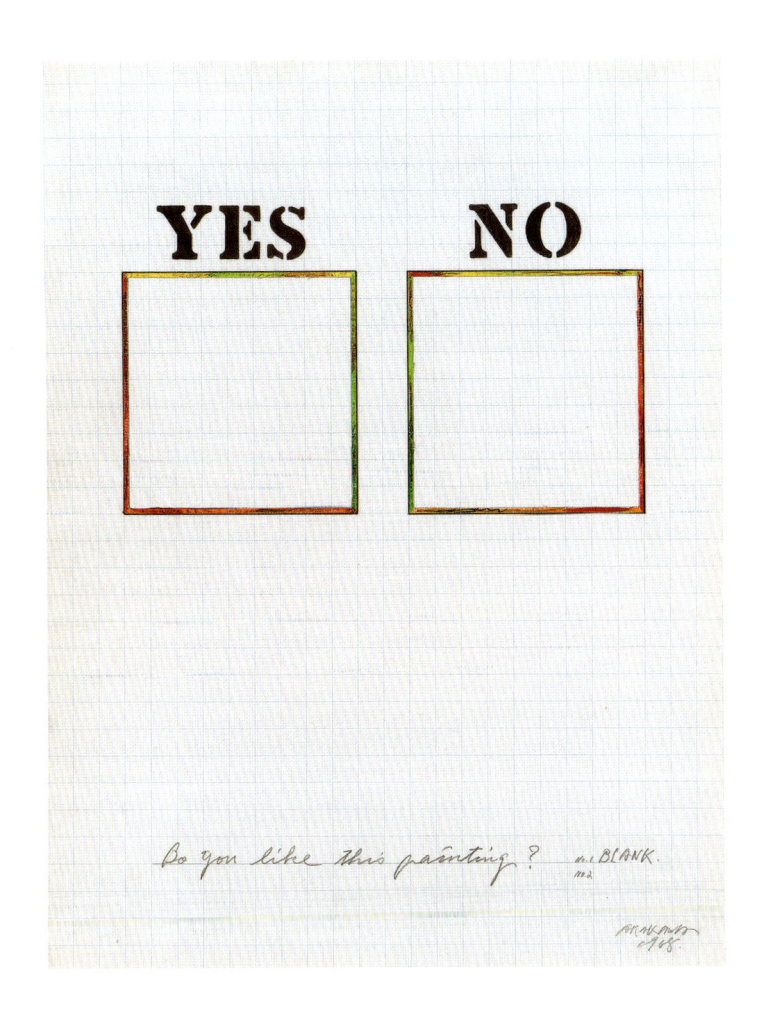

Shusaku ARAKAWA

'Blank'

1968

acrylic　graphite　marker　graph paper

photo Rob McKeever

荒川修作

「Blank」

1968

アクリル　グラファイト　マーカー　グラフ用紙

撮影 Rob McKeever

第四十八条　何人も、同時に両議院の議員たることはできない。

Article 48. No person shall be permitted to be a member of both Houses simultaneously.

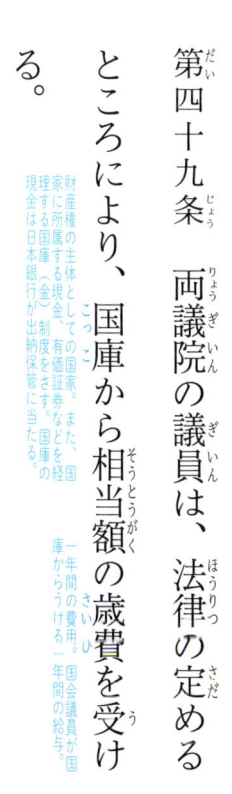

第四十九条　両議院の議員は、法律の定めるところにより、国庫から相当額の歳費を受ける。

財産権の主体としての国家。有価証券などを経理する国庫（金）制度をさす。国庫の現金は日本銀行が出納保管に当たる。

こっこ
一年間の費用。国会議員が国庫からうける一年間の給与。

Article 49. Members of both Houses shall receive appropriate annual payment from the national treasury in accordance with law.

Measured over a period of one year.

The amount of money that is paid.

The government department which controls a country's money supply and economy.

第五十条　両議院の議員は、法律の定める場合を除いては、国会の会期中逮捕されず、会期前に逮捕された議員は、その議院の要求があれば、会期中これを釈放しなければならない。

許して放つこと。身体の拘束をといて自由にすること。

Article 50. Except in cases provided by law, members of both Houses shall be exempt from apprehension while the Diet is in session,

If the police apprehend someone, they catch them and take them away to ask them about a crime which they might have committed.

and any members apprehended before the opening of the session shall be freed during

To allow someone to leave a prison or place where they have been kept.

the term of the session upon demand of the House.

第五十一条　両議院の議員は、議院で行った演説、討論又は表決について、院外で責任を問はれない。

Article 51. Members of both Houses shall not be held liable outside the House for speeches, debates or votes cast inside the House.

第五十二条　国会の常会は、毎年一回これを召集する。

<ruby>第<rt>だい</rt></ruby>五十二<ruby>条<rt>じょう</rt></ruby>　<ruby>国会<rt>こっかい</rt></ruby>の<ruby>常会<rt>じょうかい</rt></ruby>は、<ruby>毎年<rt>まいねん</rt></ruby>一<ruby>回<rt>かい</rt></ruby>これを<ruby>召集<rt>しょうしゅう</rt></ruby>する。

国会議員に対し、一定の期日に各議院に集会することを命ずる行為。

一定の期日を定めて定期的に開かれる会合。通常の集会。

Article 52. An ordinary session of the Diet
A meeting of an official group of people such as in a court or in the government.

shall be convoked once per year.
To arrange or call people to attend a large formal meeting.

Shigeru MIZUKI

'Kappa no Sanpei'

1969

pen paper

水木しげる

「河童の三平」

1969

ペン　紙

第五十三条　内閣は、国会の臨時会の召集を決定することができる。いづれかの議院の総議員の四分の一以上の要求があれば、内閣は、その召集を決定しなければならない。

Article 53. The Cabinet may determine to convoke extraordinary sessions of the Diet. When a quarter or more of the total members of either House makes the demand, the Cabinet must determine on such convocation.

Ichi IKEDA

'Mud Soup'

1984

public performance

photo Yuji Kusuno

池田一

「泥スープ」

1984

パブリック・パフォーマンス

撮影 楠野裕司

第五十四条　衆議院が解散されたときは、解散の日から四十日以内に、衆議院議員の総選挙を行ひ、その選挙の日から三十日以内に、国会を召集しなければならない。

②　衆議院が解散されたときは、参議院は、同時に閉会となる。但し、

Article 54. When the House of Representatives is dissolved, there must be a general election of members of the House of Representatives within forty (40) days from the date of dissolution, and the Diet must be convoked within thirty (30) days from the date of the election.

When the House of Representatives is dissolved, the House of Councillors is closed at the same time. However, the Cabinet may

内閣は、国に緊急の必要があるときは、参議院の緊急集会を求めることができる。

③　前項但書の緊急集会において採られた措置は、臨時のものであつて、次の国会開会の後十日以内に、衆議院の同意がない場合には、その効力を失ふ。

in time of national emergency convoke the House of Councillors in emergency session.

Measures taken at such session as mentioned in the proviso of the preceding paragraph shall be provisional and shall become null and void unless agreed to by the House of Representatives within a period of ten (10) days after the opening of the next session of the Diet.

第五十五条　両議院は、各〻その議員の資格に関する争訟を裁判する。但し、議員の議席を失はせるには、出席議員の三分の二以上の多数による議決を必要とする。

訴訟を起こして争うこと。また、その事件。訴訟より広い意味に用いられる。

合議によって、ある事柄に対する意思を決定すること。また、決定された事柄。

Article 55. Each House shall judge disputes related to qualifications of its members. However, in order to deny a seat to any member, it is necessary to pass a resolution by a majority of two-thirds or more of the members present.

A disagreement, especially one that lasts a long time.

An official decision that is made after a group or organization have voted.

第五十六条　両議院は、各々その総議員の三分の一以上の出席がなければ、議事を開き議決することができない。

② 両議院の議事は、この憲法に特別の定のある場合を除いては、出席議員の過半数でこれを決し、可否同数のときは、議長の決するところによる。

Article 56. Business cannot be transacted in either House unless one-third or more of total membership is present.

All matters shall be decided, in each House, by a majority of those present, except as elsewhere provided in the Constitution, and in case of a tie, the presiding officer shall decide the issue.

第五十七条　両議院の会議は、公開とする。但し、出席議員の三分の二以上の多数で議決したときは、秘密会を開くことができる。

②　両議院は、各々その会議の記録を保存し、秘密会の記録の中で特に秘密を要すると認められるもの以外は、これを公

Article 57. Deliberation in each House shall be public. However, a secret meeting may be held where a majority of two-thirds or more of those members present passes a resolution therefor.

Each House shall keep a record of proceedings. This record shall be published

表し、且つ一般に頒布しなければならない。

③ 出席議員の五分の一以上の要求があれば、各議員の表決は、これを会議録に記載しなければならない。

and given general circulation, excepting such parts of proceedings of secret session as may be deemed to require secrecy.

Upon demand of one-fifth or more of the members present, votes of the members on any matter shall be recorded in the minutes.

第五十八条　両議院は、各々その議長その他の役員を選任する。

② 両議院は、各々その会議その他の手続及び内部の規律に関する規則を定め、又、院内の秩序をみだした議員を懲罰することができる。但し、議員を除名するには、出席議員の三分の二以上の多数による議決を必要とする。

Article 58. Each House shall select its own president and other officials.

Each House shall establish its rules pertaining to meetings, proceedings and internal discipline, and may punish members for disorderly conduct. However, in order to expel a member, a majority of two-thirds or more of those members present must pass a resolution thereon.

Shinjiro OKAMOTO

'Two Little Indians...'

from the Series Ten Little Indians

1964

watercolor canvas

岡本信治郎

「インディアンが2人……」

（10人のインディアン）より

1964

水彩　カンヴァス

第五十九条　法律案は、この憲法に特別の定のある場合を除いては、両議院で可決したとき法律となる。

② 衆議院で可決し、参議院でこれと異なつた議決をした法律案は、衆議院で出席議員の三分の二以上の多数で再び可決したときは、法律となる。

③ 前項の規定は、法律の定めると

Article 59. A bill becomes a law on passage by both Houses, except as otherwise provided by the Constitution.

A bill which is passed by the House of Representatives, and upon which the House of Councillors makes a decision different from that of the House of Representatives, becomes a law when passed a second time by the House of Representatives by a majority of two-thirds or more of the members present.

ころにより、衆議院が、両議院の協
議会を開くことを求めることを妨げ
ない。

④　参議院が、衆議院の可決した法
律案を受け取つた後、国会休会中の
期間を除いて六十日以内に、議決し
ないときは、衆議院は、参議院がそ
の法律案を否決したものとみなすこ
とができる。

The provision of the preceding paragraph
does not preclude the House of Representatives
from calling for the meeting of a joint committee
of both Houses, provided for by law.

Failure by the House of Councillors to take
final action within sixty (60) days after receipt of a
bill passed by the House of Representatives, time
in recess excepted, may be determined by the
House of Representatives to constitute a rejection
of the said bill by the House of Councillors.

第六十条　予算は、さきに衆議院に提出しなければならない。

② 予算について、参議院で衆議院と異なった議決をした場合に、法律の定めるところにより、両議院の協議会を開いても意見が一致しないとき、又は参議院が、衆議院の可決し

Article 60. The budget must first be

A plan that shows how much money you have and how you will spend it.

submitted to the House of Representatives.

Upon consideration of the budget,

when the House of Councillors makes a

decision different from that of the House of

Representatives, and when no agreement can

be reached even through a joint committee

of both Houses, provided for by law, or in

た予算を受け取つた後、国会休会中の期間を除いて三十日以内に、議決しないときは、衆議院の議決を国会の議決とする。

the case of failure by the House of Councillors to take final action within thirty (30) days, the period of recess excluded, after the receipt of the budget passed by the House of Representatives, the decision of the House of Representatives shall be the decision of the Diet.

第六十一条　条約の締結に必要な国会の承認については、前条第二項の規定を準用する。

国家間または国家と国際機関間の文書による合意。

条約や契約をとりむすぶこと。

ある物事を標準として適用すること。

Article 61. The second paragraph of the preceding article applies also to the Diet approval required for the conclusion of treaties.

To affect or relate to a particular person or situation.

When something is arranged or agreed formally.

A written agreement between two or more countries.

Koki TANAKA

'A Behavioral Statement
(or An Unconscious Protest)'

2013

video documentation
Commissioned by The Japan Foundation

photo Takashi Fujikawa

田中功起

「振る舞いとしてのステイトメント
（あるいは無意識のプロテスト）」

2013

記録映像
コミッション 国際交流基金

撮影 藤川琢史

第六十二条　両議院は、各々国政に関する調査を行ひ、これに関して、証人の出頭及び証言並びに記録の提出を要求することができる。

ちょうさ
おこな[い]
かん
しょうにん　ある場所へ本人が自分で出ること。
しゅっとう
およ
しょうげん　ことばで、ある事実を証明すること。
きろく
ていしゅつ
ようきゅう
証人として事実を述べること。

Article 62. Each House may conduct investigations in relation to government, and may demand the presence and testimony of witnesses, and the production of records.

When someone or something is in a place.

A formal statement about what someone knows or believes is true.

Yasuko TOYOSHIMA

'Pencil'

1996-99

pencil

photo Yuichiro Ohmura

豊嶋康子

「鉛筆」

1996-99

鉛筆

撮影 大村雄一郎

第六十三条　内閣総理大臣その他の国務大臣は、両議院の一に議席を有すると有しないとにかかはらず、何時でも議案について発言するため議院に出席することができる。又、答弁又は説明のため出席を求められたときは、出席しなければならない。

Article 63. The Prime Minister and other Ministers of State may, at any time, appear in either House for the purpose of speaking on bills, regardless of whether they are members of the House or not. They must appear when their presence is required in order to give answers or explanations.

第六十四条　国会は、罷免の訴追を受けた裁判官を裁判するため、両議院の議員で組織する弾劾裁判所を設ける。

② 弾劾に関する事項は、法律でこれを定める。

Article 64. The Diet shall set up an impeachment court from among the members of both Houses for the purpose of trying those judges against whom removal proceedings have been instituted.

Matters relating to impeachment shall be provided by law.

第六十五条　行政権は、内閣に属する。

行政（ぎょうせい）
国家の機関や公共団体などとが、法律、政令その他の法規にしたがってする政務。

CHAPTER V.

THE CABINET

Article 65. Executive power shall be vested in the Cabinet.

The part of a government that is responsible for making certain that laws and decisions are put into action.

(vested interest) An interest in influencing something so that you can continue to benefit from it.

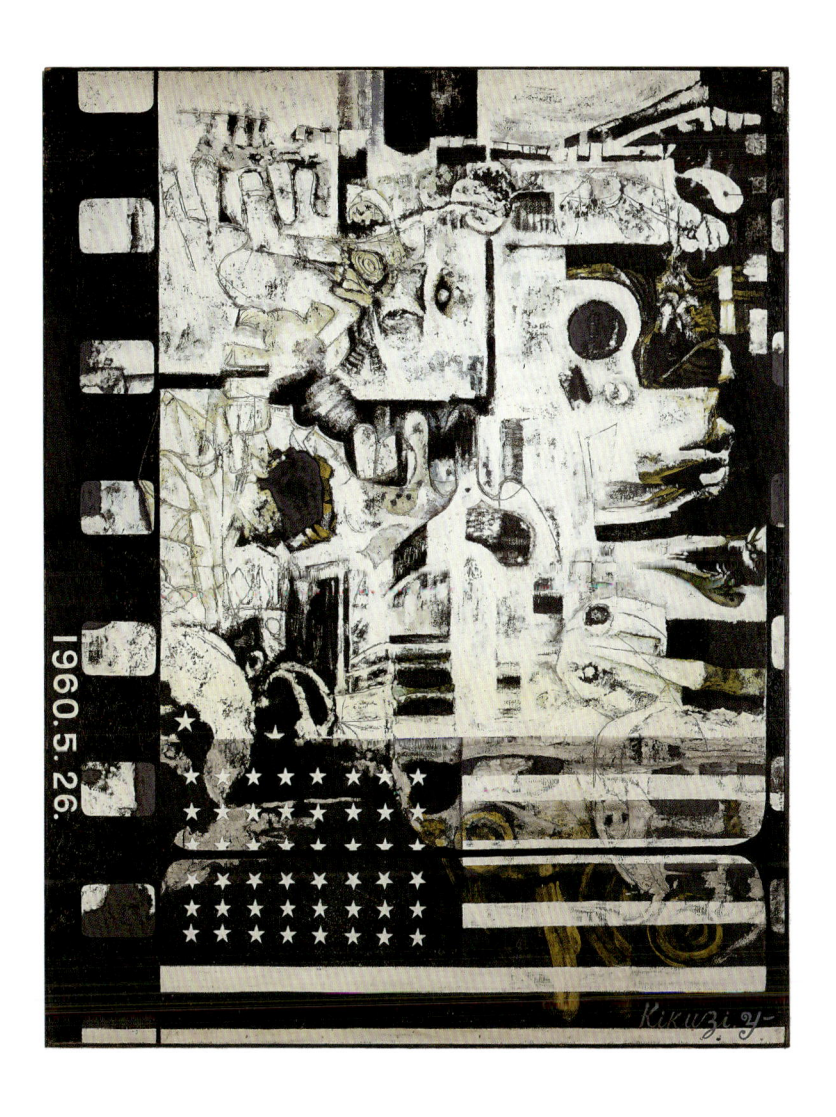

Kikuji YAMASHITA

'Ideas and Attitudes, the 26th May'

1960

oil plywood

山下菊二

「射角キャンペーン 5 月 26 日」

1960

油彩　合板

第六十六条　内閣は、法律の定めるところにより、その首長たる内閣総理大臣及びその他の国務大臣でこれを組織する。

② 内閣総理大臣その他の国務大臣は、文民でなければならない。

③ 内閣は、行政権の行使について、国会に対し連帯して責任を負ふ。

Article 66. The Cabinet shall consist of the Prime Minister, who shall be its head, and other Ministers of State, as provided for by law.

The person who is in charge of an organization.

The Prime Minister and other Ministers of State must be civilians.

Someone who is not a member of a military organization or the police.

The Cabinet, in the exercise of executive power, shall be collectively responsible to the Diet.

As a group.

Yutokutaishi AKIYAMA	秋山祐徳太子
'Hollow Generals'	「虚ろな将軍たち」
from right to left	右から
Togo gensui kakka	東郷元帥閣下
unknown	タイトル不明
C-kyu kakka	Ｃ級閣下
unknown	タイトル不明
unknown	タイトル不明
1973	**1973**
zinc solder poster color	トタン　はんだ　ポスターカラー

第六十七条　内閣総理大臣は、国会議員の中から国会の議決で、これを指名する。この指名は、他のすべての案件に先だつて、これを行ふ。

② 　衆議院と参議院とが異なつた指名の議決をした場合に、法律の定めるところにより、両議院の協議会を開い

Article 67. The Prime Minister shall be designated from among the members of the Diet by a resolution of the Diet. This designation shall precede all other business.

If the House of Representatives and the House of Councillors disagree and if no agreement can be reached even through a joint committee of both Houses, provided

ても意見が一致しないとき、又は衆議院が指名の議決をした後、国会休会中の期間を除いて十日以内に、参議院が、指名の議決をしないときは、衆議院の議決を国会の議決とする。

for by law, or the House of Councillors fails to make designation within ten (10) days, exclusive of the period of recess, after the House of Representatives has made designation, the decision of the House of Representatives shall be the decision of the Diet.

第六十八条　内閣総理大臣は、国務大臣を任命する。但し、その過半数は、国会議員の中から選ばれなければならない。

② 内閣総理大臣は、任意に国務大臣を罷免することができる。

Article 68. The Prime Minister shall appoint the Ministers of State. However, a majority of their number must be chosen from among the members of the Diet.

The Prime Minister may remove the Ministers of State as he chooses.

Masao MOCHIZUKI

'Queen Elizabeth in Tokyo'

1975.5.7 (NTV)

Television 1975-1976 (SNAP-Sha)

1975

gelatin silver print

望月正夫

中継「ようこそエリザベス女王来日」

1975.5.7　日本テレビ

『Television 1975-1976』（スナップ社）

1975

ゼラチン・シルバー・プリント

第六十九条　内閣は、衆議院で不信任の決議案を可決し、又は信任の決議案を否決したときは、十日以内に衆議院が解散されない限り、総辞職をしなければならない。

Article 69. If the House of Representatives passes a non-confidence resolution, or rejects a confidence resolution, the Cabinet shall resign en masse, unless the House of Representatives is dissolved within ten (10) days.

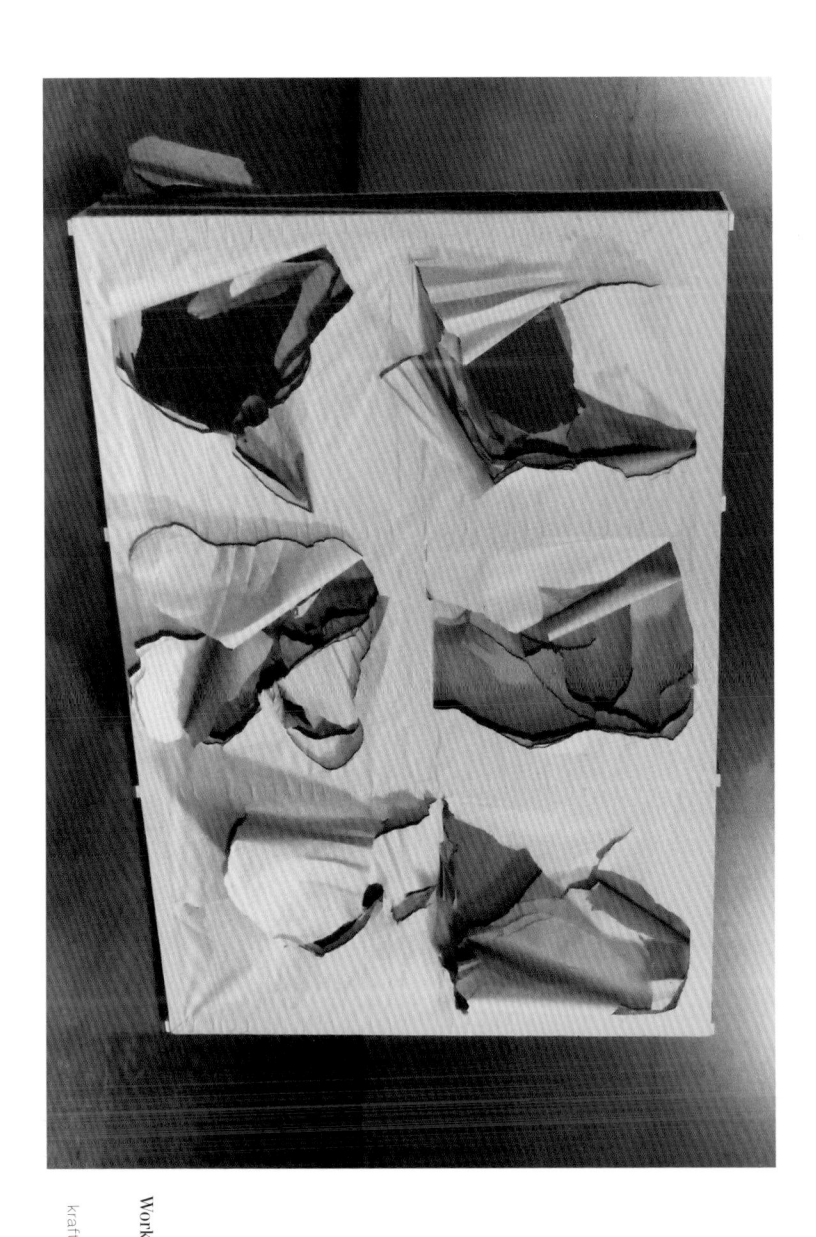

村上三郎

作品「6ツの穴」

1955

クラフト紙　木枠　P200 号

Saburo MURAKAMI

Work 'Six Holes' (Mutsu no Ana)

1955

kraft paper　wooden frame　P200

第七十条　内閣総理大臣が欠けたとき、又は衆議院議員総選挙の後に初めて国会の召集があつたときは、内閣は、総辞職をしなければならない。

Article 70. When there is a vacancy in the post of Prime Minister, or upon the first convocation of the Diet after a general election of members of the House of Representatives, the Cabinet shall resign en masse.

第七十一条　前二条の場合には、内閣は、あらたに内閣総理大臣が任命されるまで引き続きその職務を行ふ。

Article 71. In the cases mentioned in the two preceding articles, the Cabinet shall continue its functions until the time when a new Prime Minister is appointed.

第七十二条　内閣総理大臣は、内閣を代表して議案を国会に提出し、一般国務及び外交関係について国会に報告し、並びに行政各部を指揮監督する。

Article 72. The Prime Minister, representing the Cabinet, submits bills, reports on general national affairs and foreign relations to the Diet and exercises control and supervision over various administrative branches.

Hanayo

'Untitled'

2003

type C-print

花代

「Untitled」

2003

タイプＣプリント

第七十三条　内閣は、他の一般行政事務の外、左の事務を行ふ。

一　法律を誠実に執行し、国務を総理すること。

二　外交関係を処理すること。

三　条約を締結すること。但し、事前に、事後に、国会の承認

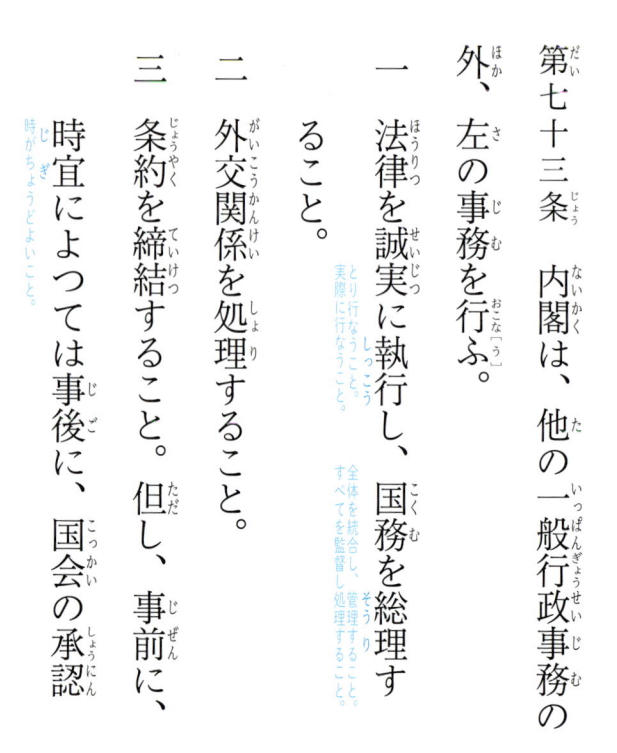

Article 73. The Cabinet, in addition to other general administrative functions, shall perform the following functions:

Administer the law faithfully; conduct affairs of state.

Manage foreign affairs.

Conclude treaties. However, it shall

六　五　四

を経ることを必要とする。

四　法律の定める基準に従ひ、官吏に関する事務を掌理すること。

五　予算を作成して国会に提出すること。

六　この憲法及び法律の規定を実施するために、政令を制定すること。但し、政令には、特にその法律の委任があ

obtain prior or, depending on circumstances,

subsequent approval of the Diet.

Administer the civil service, in accordance with standards established by law.

Prepare the budget, and present it to the Diet.

Enact cabinet orders in order to execute

七

る場合を除いては、罰則を設けることができない。

大赦、特赦、減刑、刑の執行の免除及び復権を決定すること。

有罪の言渡しを受けた特定の者に対し、有罪の言渡しの効力を失わせること。

政令で罪の種類を定めてその刑罰の教免を行なうこと。

the provisions of this Constitution and of

A rule that is part of a law or an agreement.

the law. However, it cannot include penal

provisions in such cabinet orders unless

authorized by such law.

Decide on general amnesty, special

A decision by a government that allows political prisoners to go free.

amnesty, commutation of punishment,

A change of a legal penalty or punishment to a lesser one.

reprieve, and restoration of rights.

An official order that stops or delays the punishment, especially by death, of a prisoner.

Yuko MOHRI

'Moré Moré [Leaky] : Variations'

2018

timpani hose pump other materials

photo Kuniya Oyamada

毛利悠子

「モレモレ：ヴァリエーションズ」

2018

ティンパニ　ホース　ポンプなど

撮影 小山田邦哉

第七十四条　法律及び政令には、すべて主任の国務大臣が署名し、内閣総理大臣が連署することを必要とする。

連署　一通の文書に二人以上の者がその姓名を列記し、また花押を書くなどとすること。

Article 74. All laws and cabinet orders shall be signed by the competent Minister of State and countersigned by the Prime Minister.

To write your name on a document that already has the signature (= name written) of another person, especially in order to show that you are certain that the first person is who they say they are.

Naohiro UKAWA

'UKAWA'S TAGZ FACTORY!!!'

Donald Fauntleroy Duck, Daisy Duck, Goofy,
Pluto, Chip 'n Dale & Winnie the Pooh
(Disney character)

2008-2014

ink paper

宇川直宏

「UKAWA'S TAGZ FACTORY!!!」

ドナルドダック、デイジーダック、グーフィー、
プルート、チップ＆デール、くまのプー
（ディズニーキャラクター）

2008-2014

ペン　紙

第七十五条　国務大臣は、その在任中、内閣総理大臣の同意がなければ、訴追されない。但し、これがため、訴追の権利は、害されない。

Article 75. The Ministers of State, during their tenure of office, shall not be subject to legal action without the consent of the Prime Minister. However, the right to take that action is not impaired hereby.

Chim↑Pom
「The Grounds」

2017

ラムダプリント

撮影　前田ユキ

Chim↑Pom
'The Grounds'

2017

Lambda print

photo Yuki Maeda

第六章　司法

第七十六条　すべて司法権は、最高裁判所及び法律の定めるところにより設置する下級裁判所に属する。

法に基づいて裁判を行なう国家の権能。裁判所に属する。

② 特別裁判所は、これを設置することができない。行政機関は、終審として裁判を行ふことができない。

審級制度で、最終の審級の裁判所。また、その審理。

③ すべて裁判官は、その良心に従ひ独

CHAPTER VI.

JUDICIARY

The part of a country's government that is responsible for its legal system, including all the judges in the country's courts.

Article 76. The whole judicial power

Relating to a court of law or the legal system.

is vested in a Supreme Court and in such

inferior courts as are established by law.

No extraordinary tribunal shall be

An official court or group of people whose job is to deal with a particular problem or disagreement.

established, nor shall any organ or agency

立してその職権を行ひ、この憲法及び法律にのみ拘束される。

しょっけん「職権」 国や地方公共団体、あるいは公務員や法人などが、その地位や資格に基づいて一定の処分などを行なうことのできる権限。

こうそく とらえつなぐこと。自由を制限すること。

If a decision, agreement, or answer is final, it will not be changed or discussed any more.

of the Executive be given final judicial power.

(moral authority) "Two things fill the mind with ever new and increasing admiration and awe, the more often and steadily we reflect upon them: the starry heavens above me and the moral law within me. I do not seek or conjecture either of them as if they were veiled obscurities or extravagances beyond the horizon of my vision; I see them before me and connect them immediately with the consciousness of my existence." — Immanuel Kant, Critique of Practical Reason.

All judges shall be independent in the exercise of their conscience and shall be bound only by this Constitution and the

Having a moral or legal duty to do something.

laws.

第七十七条　最高裁判所は、訴訟に関する手続、弁護士、裁判所の内部規律及び司法事務処理に関する事項について、規則を定める権限を有する。

②　検察官は、最高裁判所の定める規則に従はなければならない。

③　最高裁判所は、下級裁判所に関する

Article 77. The Supreme Court is vested with the rule-making power under which it determines the rules of procedure and of practice, and of matters relating to attorneys, the internal discipline of the courts and the administration of judicial affairs.

規則を定める権限を、下級裁判所に委任することができる。

Public procurators shall be subject to the rule-making power of the Supreme Court.

The Supreme Court may delegate the power to make rules for inferior courts to such courts.

第七十八条　裁判官は、裁判により、心身の故障のために職務を執ることができないと決定された場合を除いては、公の弾劾によらなければ罷免されない。裁判官の懲戒処分は、行政機関がこれを行ふことはできない。

Article 78. Judges shall not be removed except by public impeachment unless judicially declared mentally or physically incompetent to perform official duties. No disciplinary action against judges shall be administered by any executive organ or agency.

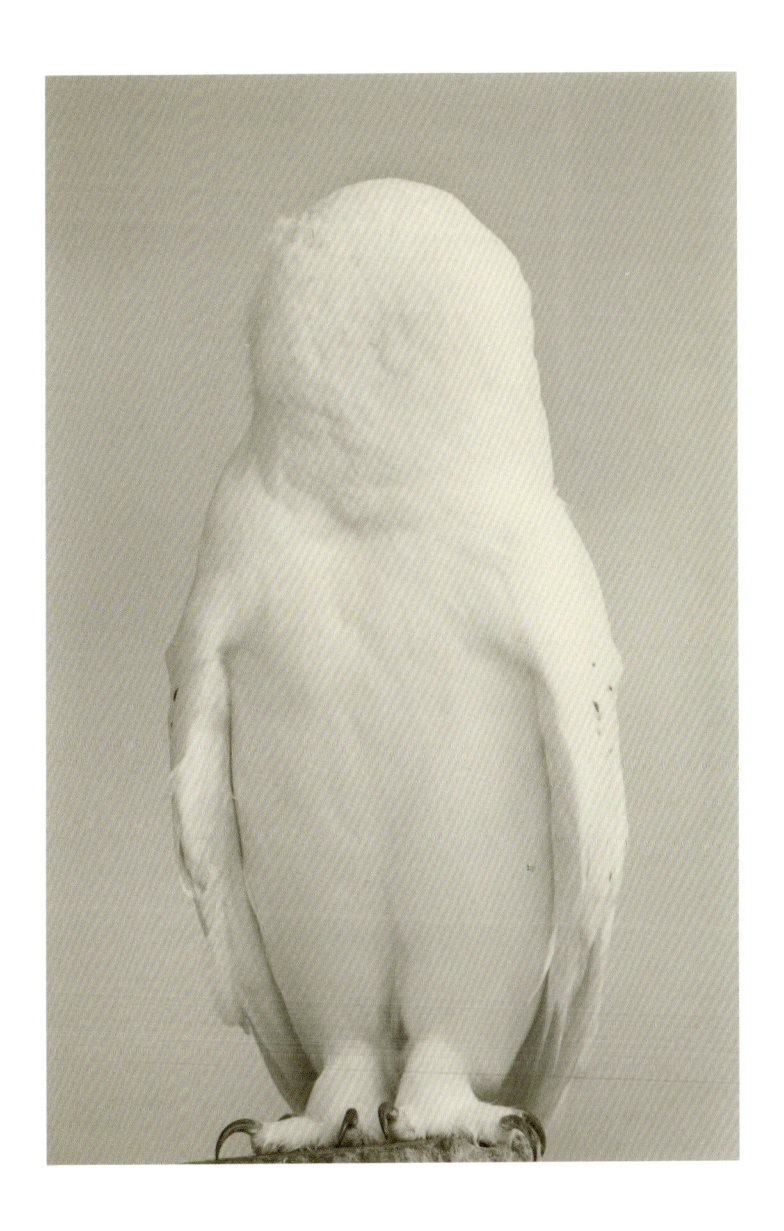

YAMAMOTO Masao

'tori'

2015

gelatin silver print

山本昌男

「tori」

2015

ゼラチン・シルバー・プリント

第七十九条　最高裁判所は、その長たる裁判官及び法律の定める員数のその他の裁判官でこれを構成し、その長たる裁判官以外の裁判官は、内閣でこれを任命する。

②　最高裁判所の裁判官の任命は、その任命後初めて行はれる衆議院議員総選挙

Article 79. The Supreme Court shall consist of a Chief Judge and such number of judges as may be determined by law; all such judges excepting the Chief Judge shall be appointed by the Cabinet.

The appointment of the judges of the Supreme Court shall be reviewed by

To consider something again in order to decide if changes should be made.

の際国民の審査に付し、その後十年を経過した後初めて行はれる衆議院議員総選挙の際更に審査に付し、その後も同様とする。

③　前項の場合において、投票者の多数が裁判官の罷免を可とするときは、その裁判官は、罷免される。

the people at the first general election of members of the House of Representatives following their appointment, and shall be reviewed again at the first general election of members of the House of Representatives after a lapse of ten (10) years, and in the same manner thereafter.

④ 審査に関する事項は、法律でこれを定める。

⑤ 最高裁判所の裁判官は、法律の定める年齢に達した時に退官する。

⑥ 最高裁判所の裁判官は、すべて定期に相当額の報酬を受ける。この報酬は、在任中、これを減額することができない。

In cases mentioned in the foregoing paragraph, when the majority of the voters favors the dismissal of a judge, he shall be dismissed.

Matters pertaining to review shall be prescribed by law.

To relate to something.

The judges of the Supreme Court shall

be retired upon the attainment of the age as

fixed by law.

All such judges shall receive, at regular

stated intervals, adequate compensation

which shall not be decreased during their

terms of office.

第八十条　下級裁判所の裁判官は、最高裁判所の指名した者の名簿によつて、内閣でこれを任命する。その裁判官は、任期を十年とし、再任されることができる。但し、法律の定める年齢に達した時には退官する。

② 下級裁判所の裁判官は、すべて定期

Article 80. The judges of the inferior courts shall be appointed by the Cabinet from a list of persons nominated by the Supreme Court. All such judges shall hold office for a term of ten (10) years with privilege of reappointment, provided that

に相当額の報酬を受ける。この報酬は、在任中、これを減額することができない。

they shall be retired upon the attainment of the age as fixed by law.

The judges of the inferior courts shall receive, at regular stated intervals, adequate compensation which shall not be decreased during their terms of office.

第八十一条　最高裁判所は、一切の法律、命令、規則又は処分が憲法に適合するかしないかを決定する権限を有する終審裁判所である。

審級制度で、最終の審級の裁判所。また、その審理。

Article 81. The Supreme Court is the court of last resort with power to determine the constitutionality of any law, order, regulation or official act.

(arbiter) Someone who makes a judgment, solves an argument, or decides what will be done.

Sawako GODA

'Serge Lifar'

1975

oil canvas

合田佐和子

「セルジュ・リファール」

1975

油彩　カンヴァス

第八十二条　裁判の対審及び判決は、公開法廷でこれを行ふ。

②　裁判所が、裁判官の全員一致で、公の秩序又は善良の風俗を害する虞があると決した場合には、対審は、公開しないでこれを行ふことができる。但し、政治犯罪、出版に関する犯罪又はこの憲法第

Article 82. Trials shall be conducted and
judgment declared publicly.

　　Where a court unanimously determines
publicity to be dangerous to public order or
morals, a trial may be conducted privately,
but trials of political offenses, offenses

三章で保障する国民の権利が問題となつてゐる事件の対審は、常にこれを公開しなければならない。

involving the press or cases wherein the rights of people as guaranteed in Chapter III of this Constitution are in question shall always be conducted publicly.

第七章 財政

第八十三条 国の財政を処理する権限は、国会の議決に基いて、これを行使しなければならない。

国の財政 国または地方公共団体が、その存立に必要な財力を取得し、これを支出、管理する経済的諸活動。

権限 権利・権力などを実際に用いること。

CHAPTER VII.

FINANCE
The money which a person, company, or country has.

Article 83. The power to administer national finances shall be exercised as the Diet shall determine.

To use something such as a power or right.

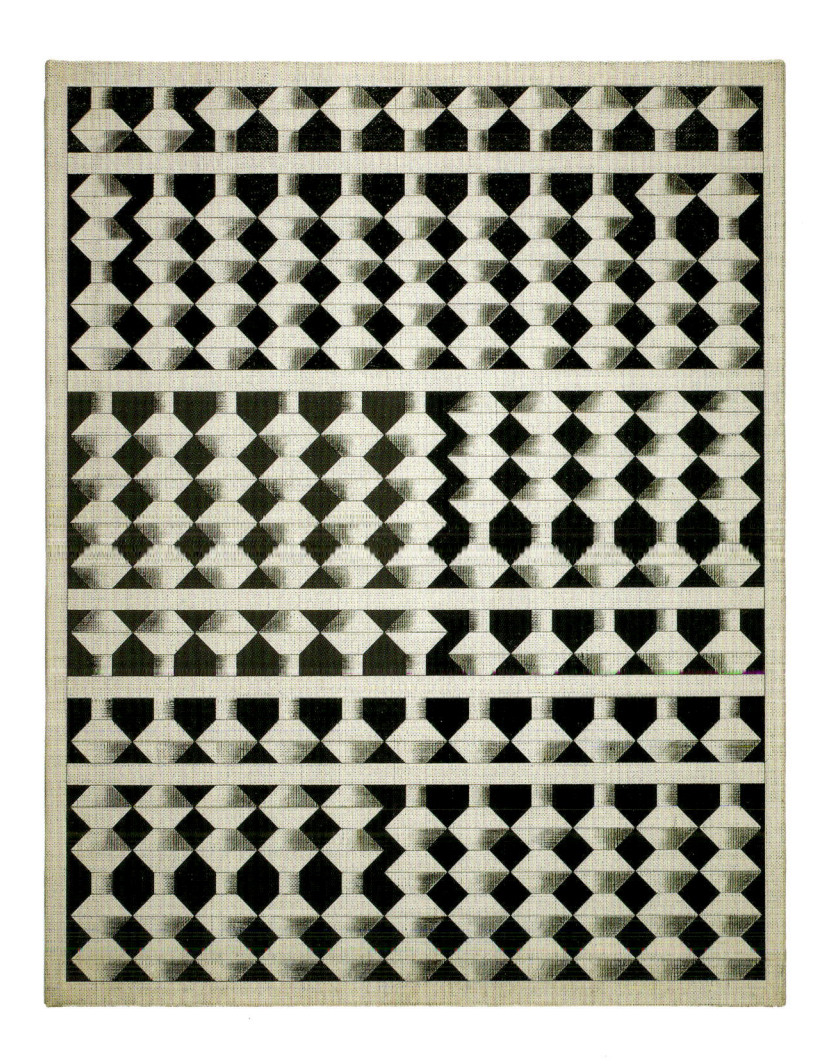

Yoshio SEKINE

'No.403'

1975

oil　canvas

photo Reggie Shiobara

閃根美夫

「No.403」

1975

油彩　カンヴァス

撮影 レジー・シオバラ

第八十四条 あらたに租税を課し、又は現行の租税を変更するには、法律又は法律の定める条件によることを必要とする。

そぜい 国費や公費にあてるため、国家や地方公共団体が住民などから強制的に徴収する金銭。

Article 84. No new taxes shall be imposed
or existing ones modified except by law or
under such conditions as law may prescribe.

Money that you have to pay to
the government from what you
earn or when you buy things.

Kanji WAKAE

'Seeing and Looking-72 (Brick)'

1972

type C-print

若江漢字

「見る事と視える事—72（レンガ）」

1972

タイプＣプリント

第八十五条　国費を支出し、又は国が債務を負担するには、国会の議決に基くことを必要とする。

国費……国が支出する経費。国庫から出る費用。

債務……債務者が債権者に対して一定の行為（給付）をなすべき義務。

Article 85. No money shall be expended, nor shall the State obligate itself, except as authorized by the Diet.

(government expenditure) The amount a government spends in a particular period.

(government debt) The amount of money owed by a government to lenders at a particular time.

第八十六条　内閣は、毎会計年度の予算を作成し、国会に提出して、その審議を受け議決を経なければならない。

国の会計年度は、財政法第十一条で、毎年四月一日に始まり、翌年三月三十一日に終わるものとされている。

Article 86. The Cabinet shall prepare and submit to the Diet for its consideration and decision a budget for each fiscal year.

A period of twelve months (not always January to December) for which a business, government, etc. plans its management of money.

第八十七条　予見し難い予算の不足に充てるため、国会の議決に基いて予備費を設け、内閣の責任でこれを支出することができる。

②　すべて予備費の支出については、内閣は、事後に国会の承諾を得なければならない。

Article 87. In order to provide for unforeseen deficiencies in the budget, a reserve fund may be authorized by the Diet to be expended upon the responsibility of the Cabinet.

The Cabinet must get subsequent approval of the Diet for all payments from the reserve fund.

Kazuo UMEZZ

'Romance no Kamisama'

1964

pen paper

楳図かずお

「ロマンスの神様」

1964

ペン　紙

第八十八条　すべて皇室財産は、国に属する。すべて皇室の費用は、予算に計上して国会の議決を経なければならない。

Article 88. All property of the Imperial Household shall belong to the State. All expenses of the Imperial Household shall be appropriated by the Diet in the budget.

Eiji INA

'Furuchinotakayanookanomisasagi'

Ankan-Tennō no Misasagi

2000

gelatin silver print

伊奈英次

「古市高屋丘陵」

安閑天皇の陵

2000

ゼラチン・シルバー・プリント

第八十九条　公金その他の公の財産は、宗教上の組織若しくは団体の使用、便益若しくは維持のため、又は公の支配に属しない慈善、教育若しくは博愛の事業に対し、これを支出し、又はその利用に供してはならない。

Article 89. No public money or other property shall be expended or appropriated for the use, benefit or maintenance of any religious institution or association, or for any charitable, educational or benevolent enterprises not under the control of public authority.

第九十条　国の収入支出の決算は、すべて毎年会計検査院がこれを検査し、内閣は、次の年度に、その検査報告とともに、これを国会に提出しなければならない。

②　会計検査院の組織及び権限は、法律でこれを定める。

Article 90. Final accounts of the expenditures and revenues of the State shall be audited annually by a Board of Audit and submitted by the Cabinet to the Diet, together with the statement of audit, during the fiscal year immediately following the period covered.

The organization and competency of the Board of Audit shall be determined by law.

第九十一条　内閣は、国会及び国民に対し、定期に、少くとも毎年一回、国の財政状況について報告しなければならない。

Article 91. At regular intervals and at least annually the Cabinet shall report to the Diet and the people on the state of national finances.

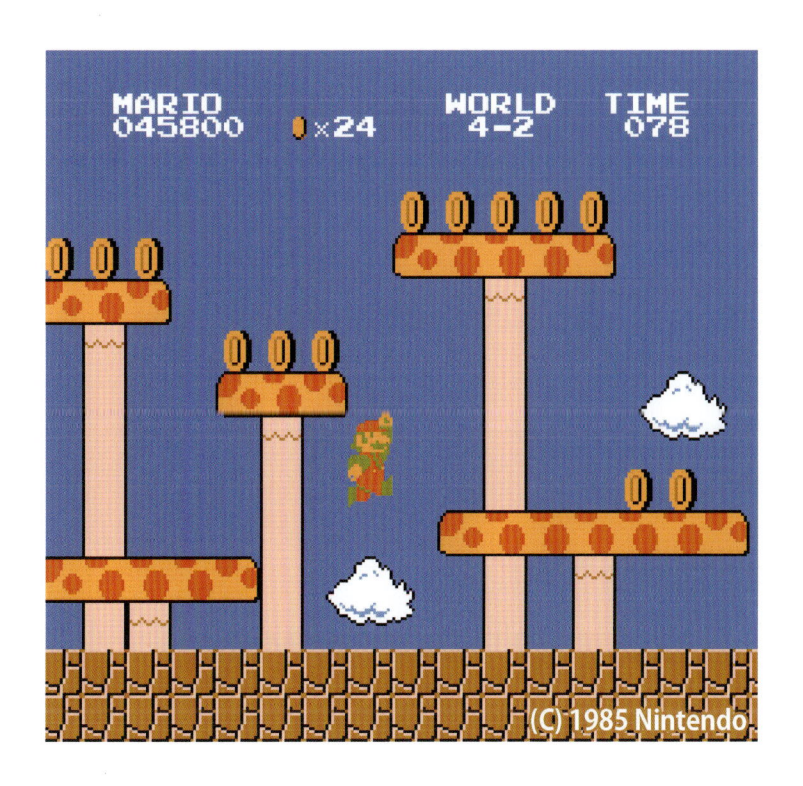

Shigeru MIYAMOTO

'Super Mario Bros.'

1985

video game

宮本茂

「スーパーマリオブラザーズ」

1985

ヴィデオゲーム

第八章　地方自治

第九十二条　地方公共団体の組織及び運営に関する事項は、地方自治の本旨に基いて、法律でこれを定める。

地方の政治が住民の手で行なわれること。本来の趣旨。もとの主旨。

地方公共団体　国内の一部を区域とし、その区域内に居住する住民に、法律の範囲内で自治的に支配権をもつ団体。

CHAPTER VIII.

LOCAL SELF-GOVERNMENT

Article 92. Regulations concerning organization and operations of local public entities shall be fixed by law in accordance with the principle of local autonomy.

(local authority) An official organization that is responsible for governing an area of the country.

A basic idea or rule which explains how something happens or works.

The control and organization of towns and small areas, and the services they provide, by people who are elected by those living in the area.

GUN

'Event to Change the Image of Snow'

Shinano River Niigata

1970

performance

photo Mitsutoshi Hanaga

新潟現代美術家集団 GUN

「雪のイメージを変えるイベント」

新潟県十日町市 信濃川河川敷

1970

パフォーマンス

撮影 羽永光利

第九十三条　地方公共団体には、法律の定めるところにより、その議事機関として議会を設置する。

② 地方公共団体の長、その議会の議員及び法律の定めるその他の吏員は、その地方公共団体の住民が、直接これを選挙する。

Article 93. The local public entities shall establish assemblies as their deliberative organs, in accordance with law.

The chief executive officers of all local public entities, the members of their assemblies, and such other local officials as may be determined by law shall be elected by direct popular vote within their several communities.

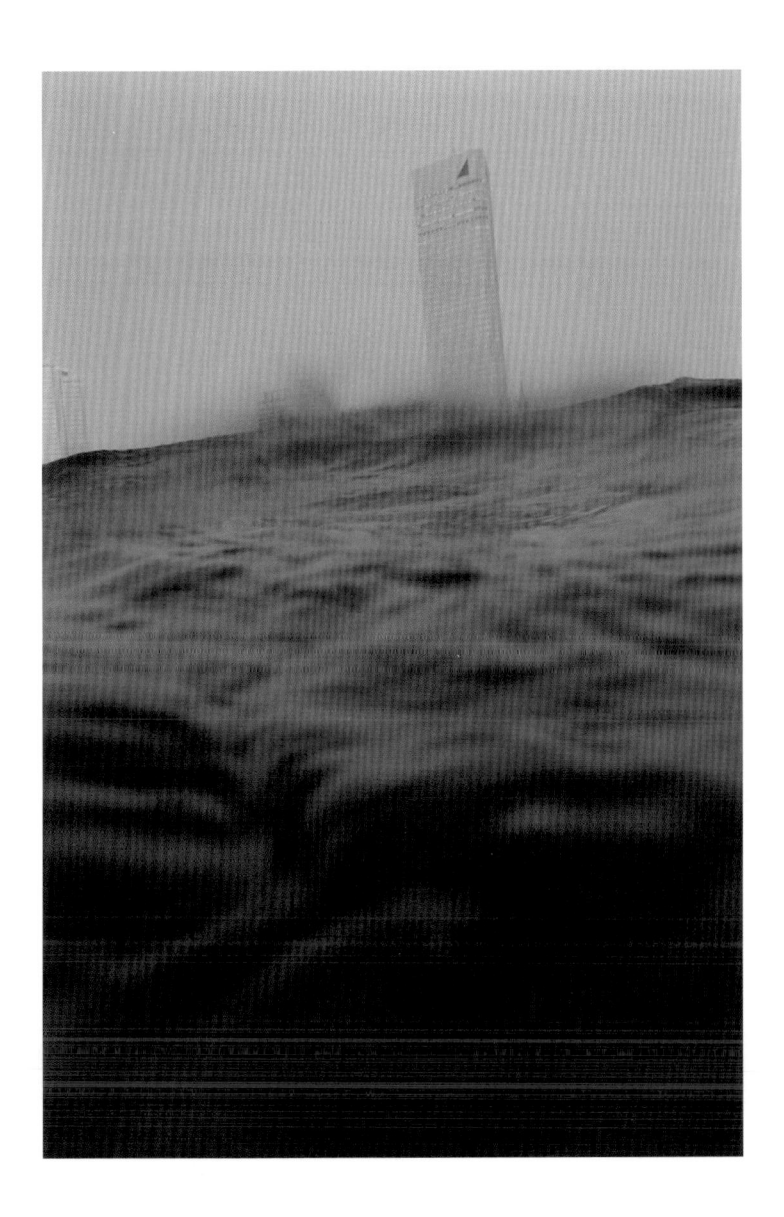

Asako NARAHASHI

'Makuhari'

half awake and half asleep in the water

2001

type C-print

楢橋朝子

「幕張」

half awake and half asleep in the water

2001

タイプCプリント

第九十四条　地方公共団体は、その財産を管理し、事務を処理し、及び行政を執行する権能を有し、法律の範囲内で条例を制定することができる。

のう　法律上認められている権限。権限。職権。

り　地方公共団体の議会の議決によって制定する法。

ち　地方公共団体

じょうれい　法令を、権限のある立法機関が、一定の手続に従って定めること。

Article 94. Local public entities shall have the right to manage their property, affairs and administration and to enact their own regulations within law.

Something that the law allows you to do.

To make something into a law.

An official rule that controls how something is done.

Kishin SHINOYAMA

'Yuhutsu, Tomakomai, Hokkaido'

meaning of the house (USHIO Publishing)

1975

type C-print

篠山紀信

「北海道苫小牧勇払」

『家』（潮出版社）

1975

タイプＣプリント

第九十五条　一の地方公共団体のみに適用される特別法は、法律の定めるところにより、その地方公共団体の住民の投票においてその過半数の同意を得なければ、国会は、これを制定することができない。

Article 95. A special law, applicable only to one local public entity, cannot be enacted by the Diet without the consent of the majority of the voters of the local public entity concerned, obtained in accordance with law.

Sachiko KAZAMA

'Waterfront・Bog・90'

2009

woodcut print　panel　japanese paper　sumi ink

風間サチコ

「RINKAI・沼・90」

2009

木版画　パネル　和紙　墨

第九章　改正

第九十六条　この憲法の改正は、各議院の総議員の三分の二以上の賛成で、国会が、これを発議し、国民に提案してその承認を経なければならない。この承認には、特別の国民投票又は国会の定める選挙の際行はれる投票において、その過半数の賛成を必要とする。

CHAPTER IX.

AMENDMENTS
A change in the worlds of a document, or the process of doing this.

Article 96. Amendments to this Constitution shall be initiated by the Diet, through a concurring vote of two-thirds or more of all the members of each House and shall thereupon be submitted to the people for

Shoji UEDA

'Untitled'

from the series "A Piece of Life"

1975

gelatin silver print

植田正治

「無題」

シリーズ「小さい伝記」より

1975

ゼラチン・シルバー・プリント

②憲法改正について前項の承認を経たときは、天皇は、国民の名で、この憲法と一体を成すものとして、直ちにこれを公布する。

ratification, which shall require the affirmative
The process of making an agreement official.

vote of a majority of all votes cast thereon, at a
More than half of a group of people or things.

special referendum or at such election as the
An occasion when all the people in a country can vote in order to show their opinion about a political question.

Diet shall specify.

Amendments when so ratified shall

immediately be promulgated by the Emperor
To spread beliefs or ideas among a lot of people.

in the name of the people, as an integral part

of this Constitution.

O JUN

'A Pigeon Flies Off. I Get Startled'　2015　crayon　pencil　paper　glass　iron

「飛び立つ鳩に、驚く私」　2015　クレヨン　鉛筆　紙　ガラス　鉄

O JUN

第十章　最高法規

<ruby>最高法規<rt>さいこうほうき</rt></ruby>　実定法体系の頂点にあり、他のすべての法令に優先する形式的効力をもつ成文法。一般に憲法をいう。

第九十七条　この憲法が日本国民に保障する基本的人権は、人類の多年にわたる自由獲得の努力の成果であつて、これらの権利は、過去幾多の試錬に堪へ、現在及び将来の国民に対し、侵すことのできない永久の権利として信託されたものである。

保障　障害のないように保つこと。責任をもって、相手の立場や権利などを保護し守ること。

基本的人権　ほんとうに人間として当然持っている基本的権利。

信託　信用してまかせること。

CHAPTER X.

SUPREME LAW

Of the highest rank or greatest importance.　The system of official rule in a country.　The basic rights that every person should have, such as justice, and the freedom to say what you think.

Article 97.　The fundamental human rights by this Constitution guaranteed to the people of Japan are fruits of the age-old struggle of man to be free; they have survived the many exacting tests for durability and are conferred upon this and future generations in trust, to be held for all time inviolate.

Relating to the most important or main part of something.

To promise that something is true or will happen.

To give someone something, especially an official title, an honor, or an advantage.

AIDA Makoto

会田誠

'AZEMICHI (a path between rice fields)'

「あぜ道」

1991

1991

japanese mineral pigment   acrylic   japanese paper   panel

岩顔料　アクリル絵具　和紙　パネル

photo MIYAJIMA Kei

撮影 宮島径

第九十八条　この憲法は、国の最高法規であつて、その条規に反する法律、命令、詔勅及び国務に関するその他の行為の全部又は一部は、その効力を有しない。

②　日本国が締結した条約及び確立された国際法規は、これを誠実に遵守することを必要とする。

Article 98. This Constitution shall be the supreme law of the nation and no law, ordinance, imperial rescript or other act of government, or part thereof, contrary to the provisions hereof, shall have legal force or validity.

The treaties concluded by Japan and established laws of nations shall be faithfully observed.

Kiyoshi HASEGAWA

'La rose et la lettre'

1959

mezzotint

長谷川潔

「薔薇と封書」

1959

メゾチント

第九十九条　天皇又は摂政及び国務大臣、国会議員、裁判官その他の公務員は、この憲法を尊重し擁護する義務を負ふ。

摂政　明治以降、天皇の代理機関。天皇が未成年のときや、精神もしくは身体の重患、また重大な事故により国事に関する行為をみずからすることができないときに置かれる。

尊重　価値のあるものとして大切に扱うこと。

擁護　かばいまもること。たすけまもること。

Article 99. The Emperor or the Regent as well as Ministers of State, members of the Diet, judges, and all other public officials have the obligation to respect and uphold this Constitution.

Regent A person who rules a country for a limited period, because the king or queen is absent or too young, too ill, etc.

uphold To support a decision, principle, or law.

respect If you respect someone's rights, customs, wishes, etc you accept their importance and are careful not to do anything they would not want.

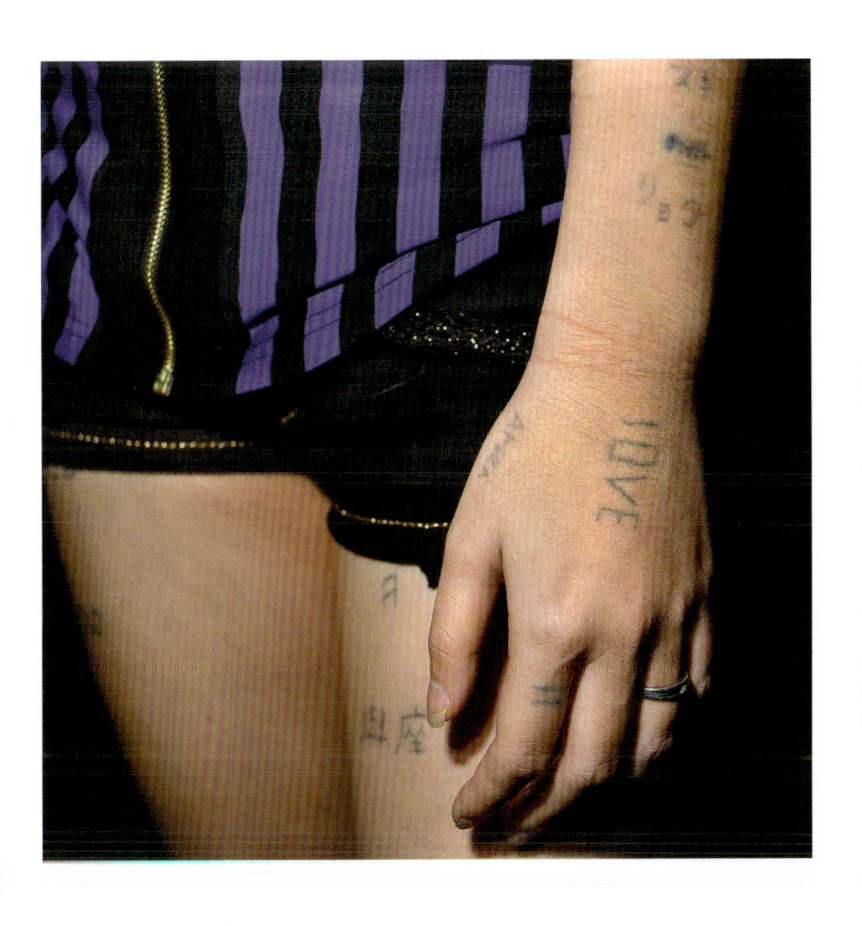

Ryuichi ISHIKAWA

'Chatan, okinawa'

A Grand Polyphony (AKAAKA)

2014

type C-print

石川竜一

「沖縄県北谷町」

『絶景のポリフォニー』（赤々舎）

2014

タイプCプリント

第十一章　補則

第百条　この憲法は、公布の日から起算して六箇月を経過した日から、これを施行する。

② この憲法を施行するために必要な法律の制定、参議院議員の選挙及び国会召集の手続並びにこの憲法を施行するために必要な準備手続は、

CHAPTER XI.

SUPPLEMENTARY PROVISIONS

Article 100. This Constitution shall be enforced as from the day when the period of six months will have elapsed counting from the day of its promulgation.

The enactment of laws necessary for the enforcement of this Constitution, the election

前項の期日よりも前に、これを行ふことができる。

of members of the House of Councillors and the procedure for the convocation of the Diet and other preparatory procedures necessary for the enforcement of this Constitution may be executed before the day prescribed in the preceding paragraph.

第百一条　この憲法施行の際、参議院がまだ成立してゐないときは、その成立するまでの間、衆議院は、国会としての権限を行ふ。

Article 101. If the House of Councillors is not constituted before the effective date of this Constitution, the House of Representatives shall function as the Diet until such time as the House of Councillors shall be constituted.

(jurisdiction) The legal power to make decisions and judgements.

第百二条　この憲法による第一期の参議院議員のうち、その半数の者の任期は、これを三年とする。その議員は、法律の定めるところにより、これを定める。

Article 102. The term of office for half the members of the House of Councillors serving in the first term under this Constitution shall be three years. Members falling under this category shall be determined in accordance with law.

第百三条　この憲法施行の際現に在職する国務大臣、衆議院議員及び裁判官並びにその他の公務員で、その地位に相応する地位がこの憲法で認められてゐる者は、法律で特別の定をした場合を除いては、この憲法施行のため、当然にはその地位を失ふことはない。但し、この憲法

Article 103. The Ministers of State, members of the House of Representatives and judges in office on the effective date of this Constitution, and all other public officials who occupy positions corresponding to such positions as are recognized by this Constitution shall

によつて、後任者が選挙又は任命された
ときは、当然その地位を失ふ。

not forfeit their positions automatically
on account of the enforcement of this
Constitution unless otherwise specified
by law. When, however, successors are
elected or appointed under the provisions
of this Constitution, they shall forfeit their
positions as a matter of course.

日本国憲法

朕は、日本国民の総意に基いて、新日本建設の礎が、定まるに至つたことを、深くよろこび、枢密顧問の諮詢及び帝国憲法第七十三条による帝国議会の議決を経た帝国憲法の改正を裁可し、ここにこれを公布せしめる。

御名　御璽

昭和二十一年十一月三日

内閣総理大臣兼 外務大臣		吉田茂
国務大臣	男爵	幣原喜重郎
司法大臣		木村篤太郎
内務大臣		大村清一
文部大臣		田中耕太郎
農林大臣		和田博雄
国務大臣		斎藤隆夫
逓信大臣		一松定吉
商工大臣		星島二郎
厚生大臣		河合良成
国務大臣		植原悦二郎
運輸大臣		平塚常次郎
大蔵大臣		石橋湛山
国務大臣		金森徳次郎
国務大臣		膳桂之助

The Constitution of Japan

I rejoice that the foundation for the construction of a new Japan has been laid according to the will of the Japanese people, and hereby sanction and promulgate the amendments of the Imperial Japanese Constitution effected following the consultation with the Privy Council and the decision of the Imperial Diet made in accordance with Article 73 of the said Constitution.

Signed : HIROHITO, Seal of the Emperor

This third day of the eleventh month of the twenty-first year of Showa (November 3, 1946)

Countersigned:

Prime Minister and concurrently Minister for Foreign Affairs	YOSHIDA Shigeru
Minister of State	Baron SHIDEHARA Kijuro
Minister of Justice	KIMURA Tokutaro
Minister for Home Affairs	OMURA Seiichi
Minister of Education	TANAKA Kotaro
Minister of Agriculture and Forestry	WADA Hiroo
Minister of State	SAITO Takao
Minister of Communications	HITOTSUMATSU Sadayoshi
Minister of Commerce and Industry	HOSHIJIMA Niro
Minister of Welfare	KAWAI Yoshinari
Minister of State	UEHARA Etsujiro
Minister of Transportation	HIRATSUKA Tsunejiro
Minister of Finance	ISHIBASHI Tanzan
Minister of State	KANAMORI Tokujiro
Minister of State	ZEN Keinosuke

第1条　　9頁
杉本 博司
「昭和天皇」
ポートレート
1999
149.2 × 119.4 cm
© Hiroshi Sugimoto

「劇場」「ジオラマ」「海景」などの作品で世界的評価を得る杉本博司。本作は、英国マダム・タッソー蠟人形館の蠟人形を撮影した「ポートレート」シリーズの1作品。[時間]を重要なテーマと位置付ける杉本の厳密なコンセプトと撮影技術が、象徴の意味である[抽象的なものを表す具体的なもの]を具現化した。

第2条　　11頁
大森 克己
「沖縄県コザ市 2004年」
2004
31.7 × 21.2 cm
© Katsumi Omori

代表的な写真集に『encounter』『サルサ・ガムテープ』『すべては初めて起こる』などがあり、90年代から現在に至るまで写真の最前線で活躍し続ける大森克己。写真集『サナヨラ』（愛育社）に収められている本作は、沖縄県沖縄市（旧コザ市）にある国内最南端の銭湯「中乃湯」の裁縫部屋にて撮影されたもの。

第3条　　13頁
石元 泰博
「桂離宮　松葉型襖引手（楽器の間）」
1953-54
24.5 × 19 cm
高知県立美術館蔵　© 高知県 , 石元泰博フォトセンター

アメリカで生まれ育ち、第二次世界大戦中の日本人収容所収容経験を持つ石元泰博は、戦後、繊細かつ大胆なモダニスト写真家として高い評価を得る。本作のテーマである桂離宮は、京都にある皇室関連の建築物として世界的に知られている。ニューヨーク近代美術館の桂離宮視察に同行し「桂」シリーズの撮影を開始した石元は、それまでの日本における[情緒的建築写真]とは一線を画した[意匠的建築写真]を確立した。

第4条　　15頁
米田 知子
「藤田嗣治の眼鏡―日本出国を助けたシャーマン
GHQ 民政官に送った電報を見る」
2015
© the artist, Courtesy of ShugoArts

「記憶」と「歴史」をテーマに洗練された写真表現で世界的評価を得る米田知子。本作は、歴史に大きく翻弄された20世紀を代表する知識人たちの眼鏡と、その人の人生において重要な鍵となる手紙や写真などを組み合わせた「見えるものと見えないもののあいだ」シリーズの1作品。藤田嗣治は第一次世界大戦の戦況悪化によってパリから日本に帰国し、終戦後「戦争協力者」として糾弾され日本を去った。作品に写された事物がまとう目に見えない物語や人物像を静かに提示する。

第5条　17頁
赤瀬川原平
「復讐の形態学〈殺す前に相手をよく見る〉」
1963
90 × 180 cm
名古屋市美術館所蔵　© Genpei Akasegawa

日本を代表する前衛美術家であり、芥川賞作家としても知られる赤瀬川原平。本作は、推古天皇の摂政とされる聖徳太子が描かれた1950年発行の千円札を200倍に拡大模写した作品。紙幣の緻密な図柄を畳1畳分の大きさに模写するという途方もない作業のため、聖徳太子の上半身の半分が未完成のままである。1965年、本作は通貨及証券模造取締法違反の疑いで起訴され、司法と芸術家が争う「千円札裁判」へと発展した。

第6条　19頁
郭徳俊
「クリントンと郭」
1993
54.6 × 41.2 cm
東京国立近代美術館蔵　© KWAK Duck-Jun

「TIME」誌の表紙に掲載されたアメリカ大統領の顔と、作者の郭徳俊自身の顔を鏡で合成する「大統領シリーズ」。1974年のフォードから始まり、新大統領就任時に作品制作を行ってきた。他に、カーター、レーガン、ブッシュ（父）、ブッシュ（子）、オバマがある。サンフランシスコ講和条約発効に伴い、日本国籍をはく奪された郭の国家・権力・メディアに対する姿勢が明示された作品。

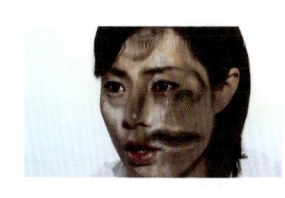

第7条　23頁
山城知佳子
「あなたの声は私の喉を通った」
2009
7min
© Chikako Yamashiro, Courtesy of Yumiko Chiba Associates

目の前でサイパン島の崖から身投げした家族の話をする証言者。山城知佳子は証言者の言葉に合わせて無声で語り、顔には証言者の映像が投影される。「証言者の言葉は私の脳裏に映像を映し出し、私のからだはスクリーン化し他者の記憶に染まった。私が見たのは証言者の体験ではなく、証言から作り出した想像の映像だった。その想像の映像は私の戦争体験となった」と山城は語る。

第8条　25頁
荒神明香
「toi, toi, toi」
2013（2002-）
約37 × 55 × 55 cm
© Haruka Kojin

日常の「異空間」を再構築する荒神明香。本作は、夜道で拾い集めた事故車のガラス破片で作られたシャンデリア。青みがかった部分はフロントガラス、透明はヘッドライト、赤やオレンジはテールランプやブレーキランプの破片でできている。素材、形態、時間、場所、破壊など、異なる要素を作品素材のように扱っている。タイトルの「toi, toi, toi」は、初舞台のバレリーノにかける「いってらっしゃい」という応援の言葉。

第9条1項　27頁
木村恒久
「俺の知ったことじゃない」
1968
© Tsunehisa Kimura

日本におけるフォトモンタージュの第一人者である木村恒久は、永井一正、田中一光らとともに1950〜80年代のグラフィックデザインに多大な影響を及ぼした。木村のフォトモンタージュは単なる写真の切り貼りではない。素材のパース統一や写真の立体的再構成など、複雑で緻密な作品づくりは観る者を圧倒する。本作のように、簡素な要素で平面的な作品はめずらしい。

第9条2項　29頁
小沢剛
「ベジタブル・ウェポン―カトゴ（野菜とバナナの煮物）-1／ホイマ、ウガンダ」
2008
156 × 113 cm
© Tsuyoshi Ozawa

「地蔵建立」「なすび画廊」「相談芸術」など、独特な活動を続ける小沢剛は、後のソーシャルアートに大きな影響を与えた。本作は、食材で銃を作り、撮影し、その銃を解体して調理し、食す、というプロジェクトの1作品。野菜などの食材でできた銃は、モデルとなった地元の女性が選んだ郷土料理の食材を組み合わせて作られている。地域、営み、文化、食、女性、戦争などのテーマがユーモラスかつ緻密に扱われている。

第10条　31頁
柳幸典
「Hi-no-maru」
1995
109.4 × 79.1 cm
© Yukinori Yanagi

日の丸を多様に表現する「ヒノマル・シリーズ」や、砂絵の万国旗を蟻が破壊する「ザ・ワールドフラッグ・アント・ファーム」など、民族や国家のイデオロギーを取り扱う作品を国内外で制作する柳幸典。「ヒノマル・シリーズ」の「Hi-no-maru」は、日本的制度である印鑑を捺印して日章旗を描いている（本書の掲載図版は1995年のもの）。

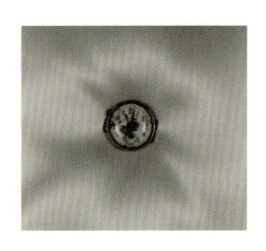

第11条　33頁
東松照明
「上野町から掘り出された腕時計／長崎国際文化会館・平野町」
1961
© Shomei Tomatsu - INTERFACE / Courtesy of Taka Ishii Gallery Photography / Film

「占領」「長崎」などのシリーズで日本写真界を揺るがし「戦後写真の巨人」と称された東松照明。『hiroshima-nagasaki document 1961』のため長崎を初取材した際、あまりにも悲惨な被爆者の姿を目の当たりにし、「モノは撮れても、人を撮ることはできないかもしれない」と語った東松が撮影した1枚。上野町は爆心地から約700 m離れた場所にある。

第12条　35頁
畠山直哉
「Slow Glass #036」
2001
90 × 120 cm
© Naoya Hatakeyama / Courtesy of Taka Ishii Gallery

「ライム・ワークス」「光のマケット」「ブラスト」など、自然、都市、写真の関係性に軸を据えた作品を制作する畠山直哉。本作は、水滴のついたガラス越しに都市風景を撮影する「Slow Glass」シリーズの1枚。シリーズタイトルは、ボブ・ショウの小説『去りにし日々、今ひとたびの幻』に登場する光の速度を遅らせるガラスから着想を得ている。無数の水滴に映り込んだ都市風景によって、光、透過、距離、速度といった、写真自体の構成要素を改めて意識させられる。

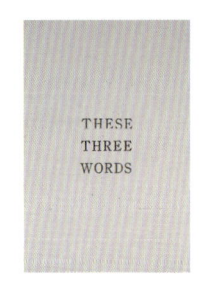

第13条　37頁
高松次郎
「英語の単語」
1970
78.5 × 54.4 cm
© The Estate of Jiro Takamatsu, Courtesy of Yumiko Chiba Associates

日本のコンセプチュアルアートに多大な影響を与えた高松次郎。代表作「影」シリーズや、日本語7文字で描かれた「日本語の文字」などと同様に、「THESE THREE WORDS（これら3つの言葉）」という3単語で描かれた本作「英語の単語」は、対象と意味との関係性・不在性を問うものである。

第14条1項　39頁
やましたゆみこ
「花とこどもとおかあさん」
1999
102 × 71.5 cm
© 宮城まり子（ねむの木学園）

静岡県掛川市にある肢体不自由児療護施設「ねむの木学園」（女優・宮城まり子が開設）の生徒で、脳性麻痺の後遺症があるやましたゆみこの作品。ねむの木学園で絵を描きはじめ、「つくしんぼと一列」「秋の色」「世界のお家」などの大作を数多く手がけ、国内外のさまざまな展覧会に出展している。

第14条2項　41頁
今井正
「また逢う日まで」
1950
111min
写真提供：東宝

第24回キネマ旬報の日本映画ベスト・ワン作品などを受賞した名作。第二次世界大戦のさなか、裕福で文化的な一家が、全体主義・軍国主義に傾倒し3人の息子を戦争で失う。主演の久我美子と岡田英次による窓ガラス越しのキスシーンは日本映画屈指の名シーンであり、映画史だけでなく、1枚の写真として高い評価を得ている。

第16条　45頁
福田美蘭
「春―翌日の朝刊―一面」
2013
227 × 181 cm
二戸市シビックセンター所蔵　© Miran Fukuda

美術史と名画に問いを投げかける創作を続ける福田美蘭。本作は、東日本大震災後に制作された「春、夏、秋、冬」の4部作の「春」。「私は震災の傍観者」と言う福田は、自身の向き合い方を熟考し長い時間をかけてこの4部作を創作した。春は震災翌日の全国紙朝刊1面。夏は震災で貝殻の文様が変わってしまったアサリ。秋は狩野芳崖を、冬はゴッホを、それぞれ引用した。この見事な連作は、美術史と名画に対する福田の手つきと眼差しが、そのまま震災に向けられたかのようだ。

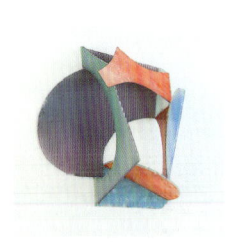

第17条　47頁
岡﨑乾二郎
「あかさかみつけ17」
1987-89
27.5 × 25 × 17.5 cm
いわき市立美術館所蔵　© Kenjiro Okazaki

平面、立体、映像、建築、景観設計、地域再生計画、批評と、きわめて広範囲に活動する岡﨑乾二郎。2019年には『抽象の力　近代芸術の解析』で芸術選奨文部科学大臣賞（評論等部門）を受賞する。本作は、「あかさかみつけ」シリーズの1作品。作品を［見るための装置］として捉え、形式、理念、美学もすり抜けるような創作を続ける岡﨑の代表作。

第18条　49頁
ハイレッド・センター
「シェルター計画」
シェルター模型（川仁宏）
1964
20.6 × 5.6 × 3.5 cm

高松次郎、赤瀬川原平、中西夏之らによる前衛芸術グループ「ハイレッド・センター」のイベント。改築前の東京・帝国ホテルの一室に客人を招き身体測定や撮影を行い、そのデータや模型を作品とした。オノ・ヨーコ、ナムジュン・パイク、横尾忠則らが訪れている。このイベントの後、「千円札事件」（本書17ページ掲載作品）で起訴されたことを赤瀬川原平は知ることになる。

第19条　51頁
金巻芳俊
「円環カプリス」
2018

110 × 50 × 57 cm
© Yoshitoshi Kanemaki｜FUMA Contemporary Tokyo｜文京アート

1本の木材を削り出し、繊細な彩色を施した作品を生み出す金巻芳俊。本作は、一つの像が複数の顔を持つ木彫シリーズの1作品。幼年期から影響を受けたフィギュアやプラモデルや仏像の多面多臂の造形と世界観を、伝統的な木彫の技法で再構築する。タイトルにあるCaprice は、"移り気" "気まぐれ" の意味。人間のさまざまな表情が彫り出されている。

第20条1項　53頁
内藤正敏
「元三大師」
1968

50.8 × 40.6 cm
© 内藤正敏

出羽三山での修行や羽黒山伏の入峰修行も行い、日本文化の研究論文を数多く発表している民俗学者でもある写真家の内藤正敏。代表作の一つ「即身仏」をきっかけに、内藤は主に東北地方の民間信仰を精力的に撮影してきた。早くから作品作りにストロボを取り入れ、暗闇に被写体を浮かびあがらせる、鮮烈で独特な作風を構築したことでも知られる。本作は、ストロボを使用せず、身近にあった白い紙を左手に持ち、自然の光を元三大師の瞳に集めて撮影した。元三大師と夜叉の光と闇、明と暗を見事に捉えている。

第20条2項　55頁
安藤忠雄
「頭大仏殿」
2016

© 公益社団法人ふる里公苑

「光の教会」「地中美術館」「プンタ・デラ・ドガーナ」など、各地で個性的な建築を手掛ける安藤忠雄。本作、真駒内滝野霊園の参拝施設は、鎌倉のそれと同等の巨大な石像を人工の丘陵で覆ったもの。外からは頭部しか見ることができないことから「頭大仏」と命名された。訪問者は、地中のトンネルを抜けた後、頭上から光が注ぐ回廊で大仏を仰ぎ見る。光や風といった自然の断片をたよりに空間のドラマを創り出す、安藤ならではの大仏殿。

第21条　57頁
宮崎学
「中央アルプス　ツキノワグマ」
『森の写真動物記〈5〉クマのすむ山』（偕成社）
2008

© Miyazaki Manabu

北海道から沖縄まで、さまざまな動物の生態を観察し撮影する宮崎学。本作は、長野県中央アルプスのけもの道を通る野生動物を撮影するために設置した、赤外線センサとカメラを組み合わせたロボットカメラで撮影された。設置したロボットカメラが幾度となく倒されていたことから、ロボットカメラをもう1台設置し、この奇蹟の1枚の撮影に成功した。

第22条　59頁
Don't Follow the Wind
「未来の入場券」
2015-

10.5 × 17.5 cm
© Don't Follow the Wind
Courtesy of Don't Follow the Wind Committee
デザイン＝吉岡秀典（セプテンバーカウボーイ）

東京電力福島第一原子力発電所の事故に伴う帰還困難区域で行われ、現在（2019年11月）も開催中の国際展。封鎖が解除されるまで観にいくことはできない。立案者はChim↑Pom で、艾未未、アーメット・ユーグ、エヴァ＆フランコ・マッテス、グランギニョル未来、小泉明郎、竹川宣彰、竹内公太、タリン・サイモン、トレヴァー・パグレン、ニコラス・ハーシュ＆ホルヘ・オテロ＝パイロス、宮永愛子の12組のアーティストが、避難住民の協力の下で帰還困難区域内の建物を会場に作品展示を続けている。

第２３条　61頁
立石大河亞
「無題」
1983
22 × 28 cm
© Tiger Tateishi Courtesy of ANOMALY

アーティスト、漫画家、絵本作家、デザイナー、画家、陶芸家などの肩書や、作家名も幾度となく変えながら、複雑で歪んだ時空・空間・文脈を混在させる作品を一貫して作り続けた立石大河亞。「とらのゆめ」「百虎奇行」など虎をモチーフにした作品を数多く手掛けた。本作は『虎の巻』の挿絵に使われたエスキース。

第２４条１項　63頁
エキソニモ
「キス、または二台のモニタ」
2017
サイズ可変
© exonemo

インターネットアートを牽引するエキソニモは、千房けん輔と赤岩やえによるアートユニット。本作は２台のモニタとケーブルで構成されたミクストメディア。一見してキスシーンに見えるが、それは画面と画面を重ね合わせただけであるともいえる。画面にはさまざまな人種の男女が映し出されている。

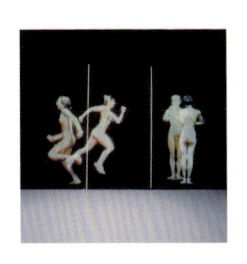

第２４条２項　65頁
古橋悌二
「LOVERS」
1994
10 × 10m
© Teiji Furuhashi

テクノロジーを巡る人間とコンピュータの関わりを表現した「pH」、ジェンダーや HIV など現代社会の切実な諸問題について正面から通り組んだ「S/N」など、先見的かつ衝撃的な作品制作を続けたダムタイプのメンバー古橋悌二。本作は古橋のソロプロジェクトで、裸の男女による、走る、歩く、抱き合うなどの映像が、コンピュータ制御による複数のプロジェクターで 10 m四方の壁に投影される。

第２５条　67頁
オノデラユキ
「古着のポートレート No.2」
1994
115 × 115 cm
© Yuki Onodera

ビー玉を入れたカメラでの撮影や、事件をもとにしたストーリーに沿った撮影など、実験的な作品づくりで「写真とは何か」を問い続けるオノデラユキ。本作は、パリのアパートから望む空を背景に、52 点の古着を撮影したシリーズの１作品。撮影された古着はすべて、ホロコーストを原点にするクリスチャン・ボルタンスキーの"作品"であり、展覧会にて１袋 10 フランで購入したもの。

第２６条　69頁
末永史尚
「Tangram Painting（黒板）」
2014
60 × 60 cm（サイズ可変）
© Courtesy of the artist and Maki Fine Arts

素材の要素を単純化する手法により、絵画のシステムから離れ、描くことの本質を意識させる末永史尚。本作は、タングラム（正方形を７つに切り分けたパズル）をモチーフにした、組み換え可能な可変する絵画。作品の展示場所が閉校した学校の校舎を改修したスペースであったことから、黒板を多面体パネルに落とし込んだ。

第２７条　71頁
浜田知明
「初年兵哀歌」銃架のかげ
1061
20.0 × 17.5 cm
© Hiroko Hamada 2019 / JAA1900098
第二次世界大戦の過酷な軍隊生活を経て「戦争の残酷さ、悲惨さ、野蛮さ、愚劣さを描く」と誓った浜田知明は戦後日本を代表する版画家となった。「銃架のかげ」は「初年兵哀歌」シリーズの１作品で、芋虫のような兵士、鏡のような窓、銃剣、ロボットのような監視、タッチの異なる裸電球、など、浜田独特のユーモラスな造形でありながら、痛烈な批判精神を併せ持つ。

第２８条　73頁
悪魔のしるし
「搬入プロジェクト＃17飛渡計画」
2015
© Akumanoshirusi
劇場、美術館、学校など、さまざまな建築物にギリギリ入るよう作られた巨大な物体を搬入し、その全行程を演劇化する、悪魔のしるし（故・危口統之主催）の「搬入プロジェクト」。これまで、日本を含む世界各地22か所でその土地の人々を搬入者として巻き込み上演されてきた。第17回目のプロジェクトとなった本作は、新潟県十日町市旧飛渡第二小学校体育館で上演された。

第２９条　75頁
西野達
「mir ist seltsam zumute」
1998
9 × 4 × 4m
© Tatzu Nishi
世界各地の屋外のモニュメント、外灯、時計台などを仮設壁で囲み、公共空間を"部屋"に変容する西野達。シンガポールのマーライオンを取り込んだ部屋はホテルとして営業され、美術界のみならず大きな話題を呼んだ。パブリックとプライベートの概念を変容するこのコンセプトによるインスタレーションは、世界中のアートイベントに招待され高い評価を得ている。

第３０条　77頁
五木田智央
「ショーガール」
2013
227.3 x 181.8 cm
© Tomoo Gokita / Courtesy of Taka Ishii Gallery
カウズ氏（ニューヨーク）所蔵
雑誌や写真からのインスピレーションと類いまれな画力により強烈な平面造形を作り上げる五木田智央。近年は、白黒色彩のペインティング作品で世界的な評価を得ており、本作のような抽象的な造形、ラフな線画、墨虹の彩色など、多彩な表現を行っている。

第３１条　79頁
林忠彦
「日劇屋上の踊り子」
『カストリ時代』
1947
24.5 × 24.5 cm
© 林忠彦作品研究室・代表林義勝
戦後、報道写真家としてカストリ雑誌等で活写していた林忠彦。彼を一躍有名にしたのが、1946年に撮影された織田作之助、太宰治、坂口安吾の肖像写真だった。本作はその翌年、有楽町・日本劇場屋上で撮影された。のびやかな踊り子の肢体と屋上に積もる粉塵が強烈なコントラストとなり、戦後の混乱と復興が入り交じる東京を感じさせる。

第３４条　83頁
飴屋法水
「バ　ング　ント」
2005
180 × 180 × 180 cm
© Norimizu Ameya

人間およびその生命への興味を一貫したテーマに据えて創作を続ける飴屋法水。本作は、消失をテーマにした「バ　ング　ント」展で行われたパフォーマンスの説明パネル。会期中の24日間、180cm四方の「暗箱」に飴屋本人が籠り、来場者との「ノック」によるコミュニケーション以外、外部との接触を一切絶った。「暗箱」には人ひとりが生存するのに必要な最小限の水や栄養剤などが持ち込まれた。

第３６条　87頁
赤塚不二夫
「天才バカボン」
1967
© 赤塚不二夫

常識を軽々と超越する型破りな作風で、日本漫画界を牽引してきた「ギャグの帝王」赤塚不二夫。掲載作品は、圧倒的人気を誇った「天才バカボン」に登場する名物警官。煩悩にまみれたその男は「目ン玉つながりのおまわりさん」で、何かあればすぐに拳銃をぶっ放しまくることで知られる。破壊的ながらどこか憎めないキャラクターは、世代を超えて読者に強烈なインパクトを与えた。

第３８条　91頁
若林奮
「港に対する攻撃Ⅰ」
1969
12 × 13 × 47 cm
© WAKABAYASHI STUDIO

鉄、銅、鉛などの金属素材を用いて自然をモチーフとした彫刻を制作した若林奮。本作は、1960年代後半に創作された「港に対する攻撃」シリーズの処女作。微妙な幾何学性で整えられた犬と緩やかな有機性が与えられた立方体、生物と幾何学図形という相反する要因が互いを侵食するという、複雑な彫刻である。

第４１条　95頁
濱谷浩
「終戦の日の太陽」
1945
濱谷浩写真資料館　© 片野恵介

アジアで初めて写真家集団マグナム・フォトに寄稿、ハッセルブラッド基金国際写真賞を受賞するなど国際的に評価された濱谷浩。各地に生きる人間の息吹とそれを生み出す風土を、血の通ったまなざしで記録した。本作は、1945年8月15日、疎開先の新潟高田で玉音放送を聞いた後に撮影された太陽で、寺院の境内で撮影された印象的な1枚となっている。

第４４条　99頁
藤井光
「日本人を演じる」
2017
40min
© Hikaru Fujii

さまざまな国や地域固有の文化や歴史を、綿密なリサーチやフィールドワークを通じて検証し、同時代の社会課題に応答する作品を、主に映像インスタレーションとして制作している藤井光。過去と現代を創造的につなぎ、歴史や社会の不可視な領域を構造的に批評する試みを行っている。本作は、1900年代初頭の第5回内国勧業博覧会で起こった人類館事件から発想し実施した「日本人を演じる」ワークショップの記録作品で、日産アートアワード2017グランプリを受賞した。

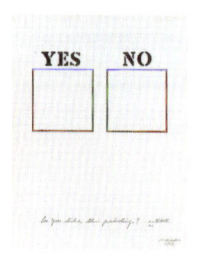

第４７条　103頁
荒川修作
「Blank」
1968
34 × 26 in.
© 2019 *Estate of Madeline Gins*. Reproduced with permission of the Estate of Madeline Gins. Courtesy Gagosian.

極端な傾斜と凹凸で構築された岐阜県養老町の「養老天命反転地」で知られる荒川修作。数学、物理学、医学、哲学に精通し［ダイアグラムの絵画］を数多く手掛けてきた彼が、思考のコアに置く［blank（空白）］という概念をタイトルにした作品。妻であり作品の共同作業者であったマドリン・ギンズとともに、多方面で他の追随を許さない独特な作品を創作し続けた。

第５２条　109頁
水木しげる
「河童の三平」
1969
36.4 × 25.7 cm
© 水木プロ

太平洋戦争で左腕を失いながらも、漫画を描き続けた水木しげる。不思議な目に見えない世界を信じ、人間の幸福とは何かを追い求めた。本作は、容姿が河童に酷似している河原三平と河童のかん平が織りなす長編漫画である。三平が迷い込んだ河童の国で出会った二人は数々の冒険を重ねていく。作中には死神も登場し［生と死］が描かれ、水木の死生観が感じられる。

第５３条　111頁
池田一
「泥スープ」
1984
サイズ不定
© Ichi Ikeda Art Project

人が制御できない自然、特に水をテーマに作品を生み出す「水の芸術家」池田一。世界各地の環境アート展などで大規模な「アースアート」を発表している。「泥スープ」は、水面をピアノの鍵盤に見立てて演奏する「水ピアノ」とともに、第１回の檜枝岐パフォーマンスフェスティバルで行われた伝説の作品である。

第５８条　119頁
岡本信治郎
「インディアンが２人 ⋯⋯ 」
1964
190 × 130 cm
一般財団法人駒形十吉記念美術館（新潟県立近代美術館寄託）所蔵
© Shinjiro Okamoto

日本におけるポップ・アートのパイオニア岡本信治郎。19世紀のフランスの画家、ジョルジュ・スーラの影響を受け、シンプルなドローイングかつ明度の高い色使いで多様な作品を創造してきた。本作は、長靴や髪飾りを身につけた10人のインディアンが鮮やかに描かれたシリーズの１つ。岡本曰く、作品の根底にあるのは［人間疎外］［集団の論理］だという。完成後、絵を野外に持ち出し、旧国立競技場、日本橋、銀座で撮影された。

第６１条　125頁
田中功起
「振る舞いとしてのステイトメント（あるいは無意識のプロテスト）」
2013
8min
© Koki Tanaka

出来事や経験の共有をテーマに、記録映像やインスタレーション、テキスト考察、トークや集会など、多種多様な探求を続ける田中功起。東日本大震災後に制作された本作は、本を持つ人々がビルの非常階段を昇り降りする模様を記録している。個々の行為に専念しながらも発生する協働性は、震災の現場で起きたであろうさまざまな事象を想起させる。

第62条　127頁
豊嶋康子
「鉛筆」
1996-99
(各) 17 × 1 × 1 cm (12本組)
© Yasuko Toyoshima

安全ピン、ソロバン、鉛筆、油絵具から、株式投資、生命保険まで、既存の物や制度を見極め、人間の思考や社会と個人の関係を捉えなおす豊嶋康子。本作は、12本の赤青鉛筆が真ん中で削られ、24本の色鉛筆として向き合うような形で表現されている。「鉛筆を削る」というあたりまえの行為で、鉛筆の本質である実用性を無効化する本作は、豊嶋作品の原点といえるのではないだろうか。

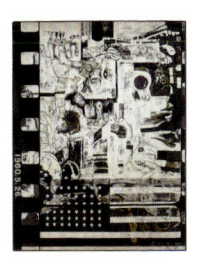

第65条　131頁
山下菊二
「射角キャンペーン5月26日」
1960
155 × 124 cm
東京国立近代美術館蔵　© 日本画廊

戦争、差別をはじめ社会問題と真正面から対峙し、シュルレアリスムの影響を色濃く受けた大作を多数残した山下菊二。本作は、60年安保闘争の最中、日付を入れて制作された5連作の1枚で、東京都立川市で起こった米軍基地拡張反対闘争である砂川事件をモチーフとした［ルポルタージュ絵画］である。

第66条　133頁
秋山祐徳太子
「虚ろな将軍たち」
1973
78 × 34 × 32 cm, 48 × 24 × 25 cm, 44 × 20 × 17 cm, 44 × 20 × 19 cm, 32 × 21 × 22 cm
© Yutokutaishi Akiyama

反芸術、ハプニングパフォーマンスで知られる美術家の秋山祐徳太子。1970年代に東京都知事選挙に出馬したことでも知られる。本作は、72年以降本格的に制作されたブリキ彫刻シリーズの1作品。正確にはブリキではなくトタン板を錫ハンダで溶接している。他に、男爵、聖母、仏、バッタなどがある。

第68条　137頁
望月正夫
中継「ようこそエリザベス女王来日」
『Television 1975-1976』(スナップ社)
1975
© Itsuko Mochizuki

2001年に刊行された望月正夫の作品集『Television』は世界から注目を集めた。「Television」シリーズは、テレビ画面35カットを1枚のフィルムに収めている。コンピュータもヴィデオもない時代に望月は、ファインダーに分割線を引き、1画面撮影してはカメラを移動させ多重露光を繰り返し撮影する方法で42作品を残した。

第69条　139頁
村上三郎
作品「6ツの穴」
第1回具体美術展 (小原会館、東京)
1955
約 181.8 × 259.1 cm
© Tomohiko Murakami
Courtesy of the Estate of Saburo Murakami and ARTCOURT Gallery

木枠に貼られたクラフト紙を全身で突き破る「紙破り」は、襖を破って部屋に入ってきた息子を見て考案した村上三郎の代表作となった。本作「6ツの穴」は「紙破り」の痕跡を作品として展示したもので、日本のパフォーマンスの先駆として、また、絵画の枠組みを解体した作品として高い評価を得ている。突破、破壊といった根源的魅力を持つ「紙破り」は、作者の没後もたびたび再演されている。

第７２条　143頁
花代
「Untitled」
2003
© Hanayo / Courtesy of Taka Ishii Gallery Photography / Film

芸妓、モデル、女優、歌手、パフォーマー、写真家、アーティストとして多方面で活躍し、自身の日常を幻想的な色彩で切り取る写真やコラージュ、またこれらに音楽や立体表現を加えたインスタレーションを発表している花代。本作は、花代の作品において長らく中心的な位置を占めてきた愛娘・点子の幼い頃を写した１枚。

第７３条　147頁
毛利悠子
「モレモレ：ヴァリエーションズ」
2018
サイズ可変
© Yuko Mohri

光、重力、磁力など、不可視な素材で制作をする毛利悠子。駅構内の水漏れ処置の現場を写真に収めるプロジェクト「モレモレ東京：フィールドワーク」から派生した本作は、美術館での初個展にあたる青森県十和田市現代美術館〈ただし抵抗はあるものとする〉のサテライト会場で制作された。

第７４条　149頁
宇川直宏
「UKAWA'S TAGZ FACTORY!!!」
ドナルドダック、デイジーダック、グーフィー、プルート、チップ＆デール、くまのプー（ディズニーキャラクター）
2008-2014
24 × 27 cm
© Naohiro Ukawa Courtesy of ANOMALY

ファイナル・メディア「DOMMUNE」など、超人的守備範囲の活動で知られる宇川直宏。本作は、古今東西、世界中のセレブリティ1000人以上を憑依させ、彼ら自身のサインのように生み出してきた作品。［リアル］と［フェイク］の融合の先には、人類未体験の価値が創出されている。この「憑依サイン」は20年以上継続して描かれ、横尾忠則をはじめ、ウルトラセブン、夏目漱石、ヘレン・ケラー、アインシュタインなど脈絡のないセレクションで今も無数に書写され続けている。

第７５条　151頁
Chim↑Pom
「The Grounds」
2017
55 × 55 cm
© Courtesy of the artist, ANOMALY and MUJIN-TO Production

「SUPER RAT」「ヒロシマの空をピカッとさせる」「また明日も観てくれるかな？」など、現代社会に介入する作品を次々と発表するChim↑Pom。本作は、メンバーのエリイが、不当な理由で入国が認められていないアメリカの地に、合法的に足を踏み入れるというプロジェクト。写真は、地中に刺さった国境壁の真下の、どちらの領土ともいえないところまで穴を掘り、メキシコ側から印したエリイの足跡。

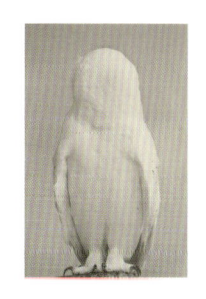

第７８条　157頁
山本昌男
「tori」
2015
© YAMAMOTO Masau Courtesy Mizuma Art Gallery

日本の精神性と美を凝縮した写真で世界的評価を得る山本昌男。本作は、その名の通り「鳥」をテーマにした連作で、自然と人間は対峙する関係ではなく人間は果てしない宇宙の一部でしかない、という思想を表現した１枚。森閑として清らかな雰囲気をまとう写真は、宇宙とリンクするような無限の奥行きを感じさせる。

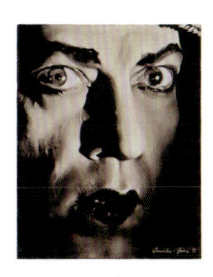

第81条　165頁
合田佐和子
「セルジュ・リファール」
1975
60.6 × 50.0 cm
© Sawako Goda

色彩と光が融合する表現で多様なメディアで活躍した合田佐和子。本作は、フランスの天才バレエダンサー、振付師のセルジュ・リファールを描いた油彩画で、古いブロマイドや写真をもとに映画人スターをはじめさまざまな人物を描いたポートレートのシリーズの1作品。「眼」の表現で知られる合田作品の中でも一際異彩を放つ。

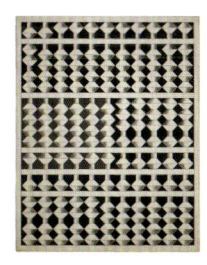

第83条　169頁
関根美夫
「No.403」
1975
65.2 × 53.2 cm
© Estate of Yoshio Sekine

「算盤」「貨車」「門」に代表される具体的な像を持つものを、抽象的に表す作品で知られる関根美夫。本作は、1960年代からライフワークとして描き続けた算盤シリーズの1枚で、ジャスパー・ジョーンズの「標的」に触発され平面的なモチーフを追い続けた関根の代表作となった。

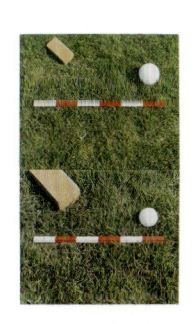

第84条　171頁
若江漢字
「見る事と視える事—72（レンガ）」
1972
65 × 40 cm
© Kanji Wakae, Courtesy of Yumiko Chiba Associates

1970年代の現代美術における写真が［記録］でしかないと指摘する若江漢字は、［学習としての写真、写真の発見］をテーマに表現を続ける。本作は、事物の［視かた］や［見えかた］など、人の視覚に関する問題に着目した「見る事と視える事」シリーズの1枚。存在と認識の関係性を浮き彫りにした若江の写真作品は海外でも高い評価を得ている。

第87条　175頁
楳図かずお
「ロマンスの神様」
1964
© Kazuo Umezz

『まことちゃん』をはじめ、不世出の独自性を持つ傑作を世に出してきた楳図かずお。『ロマンスの神様』は初期楳図作品で、青春ラブコメの金字塔である。掲載作は扉絵に使われた1枚で、完璧な構図、一瞬が永遠でもあるような不定形な少女の時間が塗り込められた輝きと、100年後り遠い未来にあっても、普遍的で根源的な絵画性を感じる1枚。主人公紅陽子の憂鬱顔には、慈悲、意思、愛、葛藤、打算といった本作テーマのほぼすべてが内包されている。

第88条　177頁
伊奈英次
「古市高屋丘陵」安閑天皇の陵
2000
16 × 20in.
© Eiji Ina

8×10インチの大型カメラを駆使し、「東京」「産業廃棄物」「奇岩」などのテーマに向き合い続ける伊奈英次。本作は、7年の歳月をかけ、すべての天皇陵を写真に収めた「Emperor of Japan」シリーズの1作品。伊奈の卓越した撮影技術が、神武天皇から昭和天皇までの陵の膨大な時間を細部まで写し撮る。古市高屋丘陵は、大阪府羽曳野市にあり、百舌鳥・古市古墳群に属する前方後円墳である。

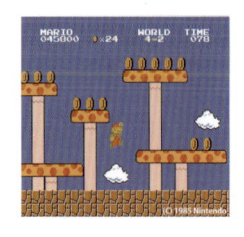

第91条　181頁
宮本茂
「スーパーマリオブラザーズ」
1985
© 1985 Nintendo

世界中で広く親しまれている「スーパーマリオブラザーズ」。生みの親である宮本茂は、2019年11月現在、任天堂代表取締役フェローを務める。ゲーム概念を更新する大胆さと、1ピクセル1フレームレベルで調整された緻密さが同居する宮本のゲームデザインは、世界にそれまで存在しなかったまったく新しい時間と空間を提供した。

第92条　183頁
新潟現代美術家集団 GUN
「雪のイメージを変えるイベント」
新潟県十日町市 信濃川河川敷
1970
© 羽永光利

1960年代後半、前山忠、市橋哲夫、堀川紀夫等によって結成された前衛美術グループの新潟現代美術家集団 GUN。新潟の雪面に赤・青・黄・緑の顔料を農業用噴霧機で撒いた本作は、日本初の大規模ランド・アートとして評価されている。前衛芸術、舞踏の写真家である羽永光利との協働的プロジェクト。

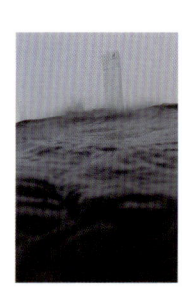

第93条　185頁
楢橋朝子
「Makuhari」
シリーズ half awake and half asleep in the water より
2001
135 × 90 cm
© Narahashi Asako

自然と文明の境界面に独特な眼差しを向ける楢橋朝子。本作は、世界各地で陸と海の境界線を撮影したシリーズの1枚。作者が水中に浮遊しながら撮影する本シリーズは、船舶、建築物、海岸線、街並みといった人間の文明を、まるで他の星での出来事であるかのように捉える。

第94条　187頁
篠山紀信
「北海道苫小牧勇払」
『家』（潮出版社）
1975
© Kishin Shinoyama

ジョン・レノン、オノ・ヨーコに代表される大スターのポートレート、グラビア、ヌード写真で知られる篠山紀信。本作は、1975年に出版された写真集『家』の1枚。住人を排した家だけを切り取った写真が、地域と住居、家という空間、人の営みを雄弁に語る。

第95条　189頁
風間サチコ
「RINKAI・沼・90」
2009
80.3 × 80.3 cm
© Courtesy of MUJIN-TO Production

今の出来事を過去の事柄から徹底的にリサーチし、私たちの行く先に生じる波乱を見通すような作品を生み出す風間サチコ。彼女は、伝統的手法を使い、漫画表現を下敷きにした唯一無二の黒の木版画を創り上げる。本作のテーマはバブル期の頓挫で、大于ゼネコンの未来予想図、高速増殖炉もんじゅ等が描かれている。

第９６条１項　191頁
植田正治
「無題」
シリーズ「小さい伝記」より
1975
28.8 × 25.6 cm
© Shoji Ueda

自然を背景に被写体をオブジェのように構成する作風が、写真誕生の地フランスで Ueda-cho（植田調）と称され世界に評価されている。本作は、1974年から12年間、『カメラ毎日』に連載されたシリーズ「小さい伝記」からの1枚。カメラを介して人々などの自然な姿が描かれている。

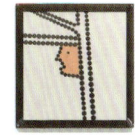

第９６条２項　193頁
O JUN
「飛び立つ鳩に、驚く私」
2015
75 × 75 × 5 cm
© O JUN Courtesy Mizuma Art Gallery

日本地図の上に子供が置いたクラッカーをそのままの構図で作品にするなど、身の回りの出来事を独特な創作に落とし込む O JUN。本作は、自宅のドアを開けた瞬間に「鳩が飛び立って驚いた」、そのことを作品にしたものである。その後、クレヨン、鉛筆、油彩、水彩、版画など多様なマテリアルを使用し100点以上のシリーズ作品がつくられている。

第９７条　195頁
会田誠
「あぜ道」
1991
73 × 52 cm
豊田市美術館所蔵　© AIDA Makoto Courtesy Mizuma Art Gallery

美少女、戦争画、サラリーマンなど、社会・風俗・歴史の境界を痛烈な批評性で提示する作風が幅広い世代から支持を得ている会田誠。本作は、日本を代表する画家、東山魁夷の「道」へのオマージュと言われており、後の会田作品における重要なモチーフとなる女子高生と融合されている。

第９８条　197頁
長谷川潔
「薔薇と封書」
1959
26.2 × 30 cm

古い銅版画技法のメゾチントを復活させ、唯一無二といわれる版画を多数遺し世界的な評価を得た長谷川潔。本作「薔薇と封書」は、長谷川のメゾチントの代表作として知られる。サロン・ドートンヌ所属、フランス文化勲章受章、第二次世界大戦中の収容所生活など、長谷川が人生の大半を過ごしたパリの住所に宛てられた夫人への手紙。その上に静かに置かれた薔薇と鍵は「愛」と「忠誠」を示している。

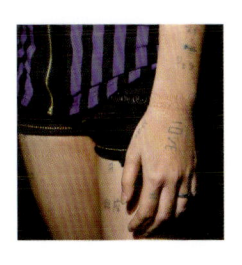

第９９条　199頁
石川竜一
「沖縄県北谷町」
『絶景のポリフォニー』（赤々舎）
2014
© Ryuichi Ishikawa

日常風景や人々の暮らしを写した名作は数々あるが、石川竜一が地元沖縄で撮影した『絶景のポリフォニー』は、過去の名作たちを「これまでの」とくくりたくなる写真集だ。被写体との距離、生活に対する皮膚感覚、眼差しでなく把握、といった評価はこれまでの名作にも当てはまる。石川の写真には石川が写りこむ。彼の記憶に深く焼き付いた像が、念写のように被写体と同化する。

松本弦人 編

『日本国憲法』編集委員　島本脩二、山中聡、君塚太、藤明隆、松本弦人

和文注釈制作　　　　島本脩二
英文注釈制作　　　　デイヴィッド・ディヒーリ
TAC出版編集担当　　藤明隆
装丁・造本　　　　　松本弦人
コーディネーション　青山秀樹（青山目黒）

Special Thanks to
杉本スタジオ、ギャラリー小柳、高知県立美術館、石元泰博フォトセンター、シューゴアーツ、SCAI THE BATH HOUSE、名古屋市美術館、東京国立近代美術館、DNPアートコミュニケーションズ、Yumiko Chiba Associates、ときの忘れもの、武蔵野美術大学美術館・図書館、東京都写真美術館、ART BASE 百島、YANAGI STUDIO、Taka Ishii Gallery Photography / Film、ねむの木学園、TOHOマーケティング、二戸市シビックセンター、urizen、東京都現代美術館、FUMA Contemporary Tokyo Bunkyo Art、安藤忠雄建築研究所、ふる里公苑、宮崎学写真事務所、無人島プロダクション、ANOMALY、DUMB TYPE OFFICE、マキファインアーツ、日本美術家連盟、町田市立国際版画美術館、悪魔のしるし、Taka Ishii Gallery、林忠彦作品研究室、クレヴィス、フジオ・プロダクション、WAKABAYASHI STUDIO、ケンジタキギャラリー、美術手帖、濱谷浩写真資料館、荒川修作＋マドリン・ギンズ東京事務所、水木プロダクション、東京画廊＋BTAP、新潟県立近代美術館、一般財団法人駒形十古記念美術館、青山目黒、日本画廊、ギャラリー58、広島市現代美術館、Akio Nagasawa Gallery、ARTCOURT Gallery、アイワード、ミヅマアートギャラリー、テラヤマ・ワールド、小学館集英社プロダクション、小学館クリエイティブ、任天堂、篠山紀信事務所、植田正治事務所、植田正治写真美術館、豊田市美術館、赤々舎（以上、作品掲載順）

栗山洋、五所純子、東京綜合写真専門学校、福田幹、町口覚、藪前知子、湯浅し津、吉住唯（以上、五十音順）

に ほんこくけんぽう
日本国憲法
2019年11月30日　初　版　第1刷発行
2021年5月3日　　初　版　第2刷発行

編　者　松本弦人
発行者　多田敏男
発行所　TAC株式会社　出版事業部（TAC出版）
　　　　〒101-8383 東京都千代田区神田三崎町3-2-18
　　　　電話　03（5276）9492（営業）
　　　　FAX　03（5276）9674
　　　　https://shuppan.tac-school.co.jp

印　刷　株式会社 光 邦
製　本　株式会社 常川製本

落丁・乱丁本はお取替えいたします。

【書籍の内容に関するお問い合わせ】
下記のメールアドレスへお問い合わせください。
なお、回答までにお時間を頂戴する場合もございます。あらかじめご了承ください（2021年4月現在）。
info@tac-kenpou-art.jp
本書のオフィシャル・ウェブサイトにても承ります。
https://tac-kenpou-art.jp/

参考文献
『日本国憲法』（小学館）
『Japanese Law Translation』（法務省）http://www.japaneselawtranslation.go.jp/
『日本国憲法の誕生』（国立国会図書館）https://www.ndl.go.jp/constitution/e/etc/c01.html
注釈は、以下より引用させていただきました。
『日本国語大辞典 第二版』（小学館）
『小学館 - ケンブリッジ英英和辞典』（小学館）
『CAMBRIDGE 英英辞典 第2版』（ケンブリッジ大学出版局）
英文注釈は、対象となる単語に適切な注釈をつけましたが、必ずしも品詞が一致していない場合もあります。

Edited by Gento Matsumoto

Editorial Board: Shuji Shimamoto, Satoshi Yamanaka, Futoshi Kimizuka, Takashi Fujime and Gento Matsumoto

Annotation (Japanese): Shuji Shimamoto
Annotation (English): David d'Heilly
Editorial Staff (TAC Publishing): Takashi Fujime
Book Design: Gento Matsumoto
Coordinator: Hideki Aoyama (Aoyama Meguro)

Special Thanks to
Sugimoto Studio, Gallery Koyanagi, The Museum of Art, Kochi, Ishimoto Yasuhiro Photo Center, ShugoArts, SCAI THE BATH HOUSE, Nagoya City Art Museum, The National Museum of Modern Art, Tokyo, DNP Art Communications, YUMIKO CHIBA ASSOCIATES, TOKI-NO-WASUREMONO, Musashino Art University Museum & Library, TOKYO PHOTOGRAPHIC ART MUSEUM, ART BASE MOMOSHIMA, YANAGI STUDIO, Taka Ishii Gallery Photography / Film, NEMUNOKI-GAKUEN, TOHO MARKETING, Ninohe City, urizen, MUSEUM OF CONTEMPORARY ART TOKYO, FUMA CONTEMPORARY TOKYO, BUNKYO ART, Tadao Ando Architect & Associates, Furusato Kouen, Gaku Miyazaki Photo Office, MUJIN-TO Production, ANOMALY, DUMB TYPE OFFICE, Maki Fine Arts, JAPAN ARTIST ASSOCIATION, Machida City Museum of Graphic Arts, Akumanoshirusi, Taka Ishii Gallery, Hayashi Tadahiko Archives, Crevis, Fujio Productions, WAKABAYASHI STUDIO, KENJI TAKI GALLERY, Bijutsutecho, Hamaya Hiroshi Estate, ARAKAWA + GINS Tokyo Office, Mizuki Production, TOKYO GALLERY + BTAP, The Niigata Prefectural Museum Of Modern Art, Komagata Jukichi Museum of Art, Aoyama Meguro, gallery nippon, Gallery58, Hiroshima City Museum of Contemporary Art, AKIO NAGASAWA, ARTCOURT Gallery, iWORD, Mizuma Art Gallery, TERAYAMA WORLD, Shogakukan-Shueisha Productions, Shogakukan Creative, Nintendo, Kishin Shinoyama Office, Shoji Ueda Office, SHOJI UEDA MUSEUM OF PHOTOGRAPHY, Toyota Municipal Museum of Art, AKAAKA Hiroshi Kuriyama, Junko Gosho, Tokyo College of Photography, Miki Fukuda, Satoshi Machiguchi, Tomoko Yabumae, Shizu Yuasa, Yui Yoshizumi

The Constitution of Japan

First Edition (published on November 30, 2019)
Second Edition (published on May 3, 2021)

Editor: Gento Matsumoto
Publisher: Toshio Tada
Publishing Company: TAC Co., LTD. Publishing Department (TAC Publishing)
3-2-18 Kanda Misakicho, Chiyoda-ku, Tokyo, 101-8383, Japan
Phone: +81-3-5276 9492
Facsimile: +81-3-5276-9674
https://shuppan.tac-school.co.jp

Printing Company: Koho Co., Ltd.
Bookbinding Company: Tsunekawa-seihon Co., Ltd.

If missing or misplaced pages are found, we will replace the book with a new one.

For information, please email at info@tac-kenpou-art.jp.
Official Website https://tac-kenpou-art.jp/.

References
THE CONSTITUTION OF JAPAN, Shogakukan.
Japanese Law Translation, Ministry of Justice, http://www.japaneselawtranslation.go.jp/
Birth of the Constitution of Japan, National Diet Library, https://www.ndl.go.jp/constitution/e/etc/c01.html
Nihon-Kokugo-Daijiten: Shogakukan Unabridged Dictionary of the Japanese Language ⟨2nd Edition⟩, Shogakukan.
Cambridge Learner's Dictionary (Semi-bilingual Version), Shogakukan.
Cambridge Learner's Dictionary 2nd Edition, Cambridge University Press.
In consideration of the anticipated reader of this annotated constitution, the Cambridge Learner's Dictionary was used as the primary source for English texts. When exact matches were unavailable substitutions and approximations, and early citations, were used.